© L'Harmattan, 1999
ISBN : 2-7384-8150-7

LE SADOMASOCHISME ORDINAIRE

Collection Études psychanalytiques
dirigée par Alain Julien Brun et Joël Bernat

La collection *Études Psychanalytiques* veut proposer un pas de côté et non de plus, en invitant tous ceux que la praxis (théorie et pratique) pousse à écrire, ce, "hors chapelle", hors "école", dans la psychanalyse.

Déjà parus

Joël BERNAT, *Le processus psychique et la théorie freudienne. Au-delà de la représentation*, 1996.
Martine DERZELLE, *La pensée empêchée, Pour une conception psychosomatique de l'hypocondrie*, 1997.
Thémélis DIAMANTIS, *Sens et connaissance dans le freudisme*, 1997.
Yves GERIN, *Souffrance et psychose*, 1997.
Filip GEERARDYN, Gertrudis VAN DE VIJVER, (dir), *Aux sources de la psychanalyse*, 1997.
Yves MATISSON, *Approche psychanalytique du trouble sensoriel des mots*, 1998.
Houriya ABDELOUAHED, *La visualité du langage*, 1998.
Stéphane LELONG, *Fantasme maternel et folie*, 1998.
Patrick DI MASCIO, *Freud après Auschwitz*, 1998.
Gabrielle RUBIN, *Travail du deuil, travail de vie*, 1998.
Franca MADIONI, *Le temps et la psychose*, 1998.
Marie-Thérèse NEYRAUT-SUTTERMAN et collaborateurs, *L'animal et le psychanalyste*, 1998.
Miguel Zapata GARCIA, *Aux racines du religieux*, 1999.
Eliane AUBERT, *Alzheimer au quotidien*, 1999.
Mohamed MESBAH, *Le transfert dans le champ freudien*, 1999.

Gabrielle **RUBIN**

LE SADOMASOCHISME ORDINAIRE

L'Harmattan
5-7, rue de l'École Polytechnique
75005 Paris - FRANCE

L'Harmattan Inc.
55, rue Saint-Jacques
Montréal (Qc) - CANADA H2Y 1K9

DU MÊME AUTEUR

- *Les sources inconscientes de la misogynie*, Robert Laffont 1977.

- *Cannibalisme psychique et obésité*, Delachaux et Niestlé 1997.

- *Travail du deuil, travail de vie*, L'Harmattan 1998.

INTRODUCTION

> *"Toutes nos querelles ne sont venues jusqu'à présent que parce que nous ne, nous étions pas encore bien dit, vous que vous vous appelleriez mon maître et que c'est moi qui serais le vôtre".*
>
> Denis Diderot, *"Jacques le Fataliste et son maître"*.

Le sadisme et le masochisme sont classiquement définis comme des perversions sexuelles que Krafft-Ebing décrivit et nomma le premier dans son livre *"Psycho-pathologia sexualis"*. Freud s'y intéressa ensuite et il en étendit le champ bien au-delà des perversions mises en évidence par les sexologues ; sadisme et masochisme devinrent un couple de notions essentielles de la vie sexuelle, dont l'un des éléments - le masochisme - fut défini comme étant de nature passive alors que l'autre - le sadisme - fut décrit comme actif : *"Le sadisme et le masochisme occupent, parmi les autres perversions, une place spéciale. L'activité et la passivité qui en forment les caractères fondamentaux et opposés sont constitutifs de la vie sexuelle en général"*.[1]

Je voudrais, dans cet essai, défendre l'idée que la passivité n'est nullement la caractéristique première du masochisme car, loin d'être de nature passive, il est tout au contraire - essentiellement dans les

---

[1] Freud, *"Trois essais sur la théorie de la sexualité"*. Note ajoutée en 1915 à cet ouvrage dont la première édition date de 1905.

cas de masochisme moral - l'élément actif du couple sadomasochiste.

Je pense en effet que **le masochisme de l'un est capable de contraindre le sadisme de l'autre à se manifester**, même lorsque ce sadisme est si profondément inhibé que sa soudaine apparition étonne l'entourage du "nouveau sadique", et que ses amis le trouvent d'une sévérité exagérée à l'égard du nouveau venu qu'il accable de reproches et dont la présence provoque en lui un constant agacement.

Cependant, si un comportement aussi inattendu de la part d'une personne jusque-là affable et accueillante pose question, on pense habituellement que cette sévérité et ces reproches doivent, d'une façon ou d'une autre, être fondés.

Il est par ailleurs généralement admis que le masochiste répond à la demande du sadique ou, parfois, la sollicite. Mon hypothèse va donc plus loin car j'ai pu constater, au cours de plusieurs psychanalyses ou psychothérapies psychanalytiques que, lors d'une rencontre **fortuite** entre un masochiste et un névrosé normal, on aboutit **toujours** à la constitution d'un couple sadomasochiste : la formation d'un tel couple, qui pourrait paraître due au hasard, est en réalité la conséquence de la pression - de l'excitation - qu'exerce le masochisme de l'un sur le sadisme de l'autre.

J'ai également pu remarquer que le partenaire devenu sadique est souvent inquiet et désolé de ces sentiments nouveaux et de ces actes qu'il ne reconnaît pas pour siens et que son Surmoi lui reproche même vivement.

La pression - la poussée - qu'à l'insu de tous, et surtout de lui-même, le masochiste exerce sur son partenaire est si forte qu'elle fait émerger du plus profond du psychisme de ce dernier les restes de la pulsion d'emprise, de la pulsion d'agression qui y demeuraient à l'état latent après leur répression ou leur sublimation.

Freud, lors de son étude sur les pulsions et leur destin, avait d'ailleurs établi qu'aucune pulsion ne saurait être passive ; il écrit : *"Par poussée d'une pulsion on entend le facteur moteur de celle-ci, la somme de force ou la mesure de travail qu'elle représente. Le caractère 'poussant' est une propriété générale des pulsions et même l'essence de celles-ci. Toute pulsion est un morceau d'activité ; quand on parle, de façon relâchée de pulsions passives, on ne peut rien vouloir dire d'autre que pulsions à but passif."* ²

Cependant le masochiste exhibe sa passivité de façon si convaincante qu'on en oublie parfois son côté actif souterrain, de même qu'on néglige le fait qu'on devrait, pour être tout à fait rigoureux, s'interdire d'employer les mots de "masochiste" et de "sadique" séparément, car ils désignent des entités qui ne sont jamais seules et qui n'apparaissent que si elles sont associées. Le sadique, en effet, n'existe qu'en tant que partenaire d'un autre qui l'accepte, de même qu'un masochiste a besoin, pour exister, d'un sadique qui le sadise. Ils forment à eux deux un couple complémentaire et indissociable, le couple sadomasochiste.

De plus, déjà indissolublement dépendants l'un de l'autre, chaque élément d'un tel couple contient aussi en lui, comme tout être humain et au moins à l'état latent, cette même double pulsion sexuelle. Aussi, pour pouvoir fonctionner ensemble, le membre du couple qui est masochiste développe fortement sa partie apparemment passive et refoule sa motion antagoniste sadique, tandis que le sadique interdit à son côté masochiste d'apparaître.

C'est donc uniquement par commodité de langage qu'on dit de telle personne qu'elle est sadique et de telle autre qu'elle est masochiste ; on veut seulement dire par là que la dominante est le sadisme chez la première et que le masochisme est sur le devant de la scène chez la seconde. Freud écrit : *"Un sadique est toujours en même temps un masochiste, ce qui n'empêche pas que le côté actif ou le côté passif de la perversion puisse prédominer et caractériser l'activité sexuelle qui prévaut."* ³

J'étudierai essentiellement dans cet ouvrage un aspect généralement négligé de la force de la pulsion du masochiste moral et de sa capacité à prendre les rênes, à l'insu de tous, dans le couple sadomasochiste : c'est en effet souvent, à mon sens, cette force pulsionnelle qui permet au sadisme du partenaire de s'épanouir.

---

² Freud "Pulsion et destin des pulsions" 1915, in *"Métapsychologie"* 1974.
³ Freud, *"Trois essais sur la théorie de la sexualité"*. Note ajoutée en 1915.

Il est particulièrement important de garder à l'esprit que les deux aspects de la pulsion sadomasochiste coexistent en chacun car, disposant des deux possibilités, un masochiste ou un sadique peut parfois, suivant les circonstances et selon la force plus ou moins grande de la tendance jusque-là refoulée, changer de catégorie. Certains masochistes, qui acceptent et même désirent être sadisés par leur partenaire, peuvent être eux-mêmes sadiques à l'égard d'autres personnes ; on peut même voir un masochiste inverser sa tendance première et devenir soudain sadique par rapport à celui qui le tourmentait précédemment ; ce dernier assumera dès lors une attitude masochique, ainsi que je le montrerai par des exemples.

Il sera question, dans cet essai, de sadomasochisme psychique car je laisserai de côté la perversion connue sous ce nom. La parenté entre les deux formes est évidente, mais les différences assez importantes pour qu'on puisse aussi les dissocier.

Je prendrai donc le masochisme sous sa forme de "masochisme moral" et le sadisme sous celle de "pulsion d'emprise", élargissant ainsi le champ d'action du sadomasochisme aux rapports "dominant-dominé" et en l'éloignant d'autant de son appartenance à la perversion sexuelle proprement dite, sans évidemment en exclure la composante sexuelle névrotique qui en fait partie.

Dans ce cas, dit Freud, le sadisme *"se nommerait alors pulsion de destruction, pulsion d'emprise ou volonté de puissance."* [4]

Et Daniel Lagache écrit, dans son article "Situation de l'agressivité" : *"En raison de l'importance des relations interpersonnelles, parce que les tendances agressives - comme les autres tendances - ne s'actualisent que dans un contexte interpsychologique (relations d'individu à individu, d'individu à groupe, de groupe à groupe), une théorie de l'agressivité chez l'homme ne peut être qu'une théorie du sadomasochisme, mettant l'accent sur les relations de domination-soumission. La théorie peut mettre en œuvre non des tendances ou des pulsions isolées, mais des positions, attitudes ou intentions d'un sujet corrélatives aux*

---

[4] Freud S., "Le problème économique du masochisme", 1924, in *"Névrose, psychose et perversion"*, P.U.F. 1974.

positions, attitudes ou intentions d'un autre sujet ; corrélatives, c'est-à-dire symétriques ou complémentaires."[5]

Tout en étant similaires, les termes de "sadique moral" et de "dominant" présentent cependant une certaine différence d'intensité par rapport à l'excitation sexuelle qu'ils procurent : c'est en effet avec une forte jouissance que le sadique utilise sa pulsion d'emprise pour ôter toute liberté à son masochiste.

Le "dominant", quant à lui, soumet le "dominé" à sa loi presque naturellement et parce qu'il est ainsi fait ; une telle situation lui procure bien évidemment du plaisir, mais cette jouissance n'est pas la seule motivation de ses actes.

Comme il s'agira, dans cet ouvrage, de sadomasochisme moral, je traiterai du sadisme dans son acception de "pulsion d'emprise" ou de "volonté de puissance", le masochiste étant celui qui accepte cette domination ou cette emprise.

Il y a en effet un problème sémantique à propos du mot "sadique" : si son compagnon/antagoniste, "masochiste", est désormais facilement admis par le socius, - le plus souvent sous son abréviation "maso" - il n'en est pas de même pour lui, qui a une connotation fortement péjorative. Il me faut donc employer le terme "sadique", puisque nous n'avons pas de mot qui désignerait un sadisme atténué et plus facilement accepté, tout en gardant un lien avec le sadisme pervers d'où il est issu.

En refusant la passivité du masochiste, je m'oppose naturellement aussi à l'idée que le masochisme serait essentiellement féminin puisque c'est cette apparence passive du masochisme qui pousse Freud (et Krafft-Ebing[6]) à associer le masochisme à la féminité ; il

---

[5] Daniel Lagache, *"Œuvres IV"*, Bibliothèque de Psychanalyse, P.U.F. 1982.
[6] Dans son étude sur ce sujet, Sacha Nacht note que celui-ci pense que le masochiste accepte la douleur physique par piqûre, flagellation ou bastonnade, et que ceci représente une humiliation par identification *"à l'attitude de soumission servile de*

distingue en effet trois états du masochisme : le masochisme érogène, le masochisme moral et le masochisme féminin.

Freud se défend - assez mollement d'ailleurs - contre l'idée que "masochisme féminin" voudrait dire "masochisme de la femme" car, l'être humain étant bissexué, l'homme peut également être atteint de "masochisme féminin". Il faut cependant noter que le "masochisme féminin" est pour lui *"l'expression de l'essence féminine"* et il affirme que lorsqu'on étudie les fantasmes masochistes on s'aperçoit qu'ils représentent des attitudes caractéristiques de la féminité : *"Mais si on a l'occasion d'étudier des cas dans lesquels les fantasmes masochistes ont connu une élaboration particulièrement riche, on découvre facilement qu'ils placent la personne dans une position caractéristique de la féminité et donc qu'ils signifient être castré, subir le coït ou accoucher."* [7]

Or, ce que ne perçoit pas Freud, c'est que tous ces fantasmes ne peuvent être, de toute évidence, que des **fantasmes masochistes** *masculins*, pour la simple raison que les femmes ne se considèrent pas comme castrées parce qu'elles n'ont pas de pénis[8] et que **le coït pas plus que l'accouchement ne sont des fantasmes masochistes pour elles, qui les considèrent au contraire comme des moments essentiels et désirés,** et cela non pour l'humiliation ou la douleur qu'ils leur infligeraient, mais pour la joie qu'ils leur apportent ou leur apporteront.

La différence, est-il besoin de le dire, vient de ce que pour l'un de telles situations sont perverses et doivent donc être qualifiées de masochistes, tandis que pour l'autre elles sont l'expression d'une féminité normale.

Les femmes, bien évidemment, ont aussi des fantasmes masochistes dont certains peuvent être des *"hypertrophies pathologiques de positions typiquement féminines"*, mais ils sont masochistes non pas

---

la femme". Il considère aussi que le masochisme est un excès pathologique *"d'éléments psychiques féminins, comme un renforcement morbide de certains traits de l'âme de la femme".* S. Nacht, *"Le masochisme"*, R.F.P. n°2, 1938.

[7] Freud, "Le problème économique du masochisme", in *"Névrose, psychose et perversion".*

[8] Comme le crurent Freud et la plupart des premiers psychanalystes, qui ont longtemps imposé cette façon de voir à un grand nombre de personnes.

parce qu'ils sont féminins, mais parce qu'ils sont pathologiquement hypertrophiés.

Krafft-Ebing et Freud ont beau jeu, après avoir décrété qu'il existe un masochisme d'essence féminine qui consiste à rechercher les positions humiliantes ou infériorisantes, pour affirmer qu'il est dans **la nature des femmes** d'aimer de telles positions.

Il me semble, pour ma part, que le masochisme féminin, s'il existe, se trouve à mi-chemin entre le masochisme pervers et le masochisme moral. Comme dans le masochisme pervers, la souffrance est érotisée et consciente (*"aucun sacrifice n'est trop grand s'il doit assurer le bonheur de mes enfants"*) mais, comme dans le masochisme moral, il n'y a pas d'atteinte corporelle, la souffrance étant psychique et non somatique.

En se référant à l'article "Un enfant est battu"[9] dans lequel Freud étudie le masochisme à partir du fantasme enfantin - extrêmement répandu - de fustigation, on voit que celui-ci est la représentation d'un désir de relation sexuelle avec le père. L'analyse d'un tel fantasme permet de retrouver régulièrement trois phases : la première phase du fantasme de fustigation est *"Le père bat un enfant"*, la deuxième est *"le père bat l'enfant haï par moi"* et la troisième *"Le père bat cet autre enfant, il ne l'aime pas, il n'aime que moi."*

Cependant, si la proposition *"le père m'aime"* est comprise au sens génital, sous l'effet de la régression, dit Freud, elle devient : *"le père me bat"*.

Ce passage est extrêmement important car on y voit comment le fait d'être battu par le père se lie au plaisir : la **souffrance** de la punition peut devenir **désir** de punition, dès lors que ce n'est plus l'autre enfant qui intéresse le père et auquel le père donne des claques sur le *"tutu tout nu"* : ce qui provoque son excitation, c'est qu'il est lui-même le sujet de cette douleur/plaisir.

Et Freud ajoute que le fait d'être battu est désormais composé de conscience de culpabilité (s'il me bat, c'est que je suis coupable) et

---

[9] Freud, "Un enfant est battu", 1915, in *"Névrose, psychose et perversion"*, P.U.F. 1974.

d'érotisme ; *"il n'est plus seulement la punition pour la relation génitale prohibée, mais aussi le substitut régressif de celle-ci, et à cette dernière source il puise l'excitation libidinale qui lui sera inhérente et trouvera la décharge dans des actes onanistes. Mais cela est précisément l'essence du masochisme."*

Freud constate cependant avec étonnement que le fantasme de fustigation du garçon n'est pas exactement parallèle à celui de la fille ; il s'attendait à ce que la personne qui bat le garçon soit la mère. Or, même lorsque c'est le cas, ce n'est pas un fantasme primaire : *"Dans les deux cas, le fantasme de fustigation dérive de la liaison incestueuse au père."* Et il conclut : *"Chez la fille, le fantasme masochiste inconscient vient de la position œdipienne normale ; chez le garçon il vient de la position renversée, qui prend le père comme objet d'amour."*

Freud accepte donc implicitement l'idée que la position féminine dans le coït est normale puisque c'est le père qui sera l'objet du désir, et il pense, à ce stade de sa réflexion, que le masochisme féminin provient de la seule culpabilité œdipienne, alors que vient s'y ajouter pour le garçon un désir homosexuel, qui étant pour lui une position féminine, est donc interdit et considéré comme pervers.

Il semble cependant qu'un très grand nombre de femmes aient effectivement une attitude masochiste dans la vie, et si je refuse l'idée d'un masochisme féminin qui serait lié aux positions typiquement féminines - coït et accouchement - je pense en revanche qu'il y a un **masochisme maternel.**

Celui-ci, loin d'être une perversion, est au contraire indispensable à la survie de l'espèce : ce "masochisme spécifique" commence avec les difficultés, le plus souvent légères mais potentiellement pénibles, de neuf mois de grossesse, qui s'achèvent par les douleurs de l'accouchement ; viennent ensuite les tétées toutes les trois heures, avec l'impossibilité d'un sommeil normal ; puis la mère doit s'occuper à tous moments des inévitables souffrances du bébé et les apaiser : pendant de nombreux mois, voire des années, la mère renonce à une grande partie de ses désirs et besoins pour s'occuper en priorité de ceux de son enfant.

Qu'il s'agisse des difficultés de sommeil, de digestion, de la pousse dentaire etc., une mère ne peut jamais se laisser distraire longtemps de sa tâche pour s'occuper d'elle-même. Et pourtant, la très grande majorité des mères trouvent que tout cela est absolument merveilleux et les remplit de bonheur ; or ne serait-ce pas là, **dans n'importe quelle autre circonstance**, la description d'un parfait masochisme ?

Je pense donc que, si le masochisme féminin est dû en partie à la culpabilité œdipienne, il procède aussi et peut-être même surtout de l'indispensable masochisme spécifique maternel qui est inné ; plus tard, à ces dispositions de base pour le masochisme, viennent contribuer la position d'infériorité dans laquelle les femmes sont maintenues depuis des millénaires et - suivant l'enfance de chacune - ce qui est venu s'y ajouter.

Si l'on accepte l'idée que le masochiste n'est pas l'élément passif du couple - ce dont je donnerai des exemples tirés de la clinique psychanalytique, de la littérature et de l'étude des rapports sociaux - une partie de notre façon de voir les sadomasochistes devient très différente.

On sait qu'un sadique recherche un masochiste - qui accepte - avec lequel former un couple sadomasochiste pour vivre ensemble un enfer peuplé de jouissances. Je suis bien évidemment tout à fait d'accord avec cette approche du sadomasochisme, mais si l'on accepte l'idée que le masochisme de l'un réveille **automatiquement** le sadisme refoulé de l'autre, il faut aussi accepter l'idée que le masochiste est au moins le complice du sadique et que les rapports entre le "gentil maso" et le "méchant sado" ne sont pas aussi simples qu'on les croit ordinairement, tout comme il est trop simpliste de déclarer - devant une femme sadisée par son mari par exemple - : "au fond elle adore ça".

Il est bien évident que le sadique est "méchant" mais, en ne l'empêchant pas d'exprimer sa cruauté, le masochiste est aussi responsable que lui de son malheur et de celui de leurs proches.

Or, si mon étude trouve son origine dans ce que m'ont appris mes patients, les enseignements à tirer de cette façon de voir vont bien au-delà de la relation de couple : on retrouve le même mécanisme (le masochisme de l'un favorisant l'expression du sadisme de l'autre) dans tous les rapports humains : il peut s'agir de la relation du couple conjugal, de la relation parents/enfants, de celle d'associés, de collègues de travail, de sport, etc., mais il peut s'agir aussi des rapports qu'entretiennent entre eux les groupes sociaux ou même les peuples.

Pour résumer l'essentiel de la théorie que je propose, je dirai ceci :

Le couple sadomasochiste est si indissolublement lié que lorsque la victime (le masochiste) refuse de continuer à jouer son rôle il fait disparaître son bourreau le sadique. D'où il découle qu'en acceptant de continuer à jouer ce rôle le masochiste partage la responsabilité de sa souffrance.

Il n'est pas question de jugement à porter sur quiconque, car on ne choisit pas consciemment - dans le masochisme moral - d'assumer le rôle de victime mais on y est contraint par les circonstances qui ont été présentes durant l'enfance ou, lorsqu'il s'agit de groupes, de circonstances historiques défavorables. Je voudrais seulement ici montrer le mécanisme à l'œuvre dans de tels cas, justement dans l'espoir de faciliter un changement souhaitable.

Cette façon d'envisager les couples sadomasochistes me semble importante en ceci : si le rôle de victime est très difficile à abandonner et s'il y faut de longues années et beaucoup d'efforts, il est réconfortant de pouvoir se dire, pour celui qui souffre depuis longtemps des avanies que lui inflige à jet continu son compagnon, qu'il n'est pas aussi désarmé qu'il le croit, qu'il n'est pas le jouet d'un autre tellement puissant que rien ne pourra jamais changer la situation dans laquelle il se débat, et qu'il n'est pas non plus l'objet d'une destinée contraire. C'est à partir de là qu'il lui sera possible d'accepter l'idée que lui aussi possède des capacités et qu'elles sont seulement momentanément occultées par son masochisme.

Il n'est pour moi pas exact de dire que le masochiste moral trouve sa jouissance dans cette situation ; sa douleur est érotisée et elle lui procure certes des satisfactions - que j'évoquerai plus loin - mais elle l'accable aussi d'une telle somme de souffrances que la plupart des masochistes moraux sont prêts à faire des efforts pour sortir de leur mode de vie pour peu qu'on les y aide, c'est-à-dire qu'on leur montre de quoi est fait leur malheur.

À côté de ce type de "masochistes flexibles", il en existe cependant d'autres, que j'appelle des "masochistes absolus" et qu'on rencontre parfois dans la clinique : ce sont des personnes qui n'ont pas besoin d'un partenaire qui les tourmentent, ils sont un couple sadomasochiste à eux seuls ; ceux-là sont généralement fermement décidés à rester dans le statu quo. "C'est ainsi et rien ne pourra jamais changer", disent-ils, ce qui rend le travail psychothérapique presque impossible. (Dostoïevski donne un très bon exemple de "masochiste absolu" dans "Crime et châtiment", une des œuvres littéraires que j'étudie dans la deuxième partie de cet ouvrage.)

De l'idée que le masochisme de l'un favorise l'expression de la pulsion sadique de l'autre découlent deux conséquences que je vais expliciter dans le chapitre suivant :

La première est que la névrose de destinée n'existe pas en tant que telle, et cela même si le choix du partenaire est le fait du hasard, dans la formation d'un couple sadomasochiste.

La deuxième conséquence que je me propose d'en tirer me conduit à postuler l'existence d'une "position masochiste", c'est-à-dire d'une situation dans laquelle une personne, un groupe ou même un peuple ne sont pour rien dans les malheurs qui les accablent constamment : c'est alors leur "position masochiste" qui déclenche le mécanisme qui permet au sadisme de l'autre de se déclarer.

PREMIÈRE PARTIE

ASPECTS DU MASOCHISME

Freud écrit : *"Dostoïevski était dans les petites choses un sadique dont le sadisme s'exerce sur les autres et dans les grandes choses un sadique dont le sadisme s'exerce sur lui-même, c'est-à-dire un masochiste, le plus tendre, le meilleur et le plus obligeant des hommes."* [10]

Cette valeur positive que donne Freud au masochisme moral est importante, non pas seulement parce que c'est lui qui nous la propose, mais parce qu'elle est révélatrice **de ce que pense le masochiste de lui-même** et de ce qu'en croit assez généralement son entourage qui admire sa patience, son courage, sa magnanimité, sa capacité à tout comprendre et à tout pardonner etc. Ce qui est d'ailleurs vrai et qui fait presque du masochiste moral l'équivalent d'une bonne mère idéalisée.

[Je rappelle que je ne parle pas ici du sadomasochisme évident aux yeux de tous et dont on dit - assez cyniquement d'ailleurs et pour évacuer le problème - qu'il est clair que, si le sadique y trouve son plaisir, le sadisé doit bien y trouver sa satisfaction aussi ; je traite des rapports dont le sadomasochisme est invisible et dont ni le sadique, ni le masochiste, ni l'entourage n'ont conscience. Pour donner un exemple de ce que j'entends par sadomasochisme invisible

---

[10] Freud, *"Dostoïevski et le parricide"*.

ou "ordinaire", j'évoquerai ici une anecdote de sadomasochisme "a minima" et par cela même éclairante. Il s'agit d'un couple de personnes âgées dont on fêtait les cinquante ans de mariage. Ils étaient entourés de leurs enfants et petits-enfants et ils étaient partout cités comme un exemple de couple heureux ce qui, d'un certain point de vue, était vrai. Mais, lorsqu'un des assistants demanda au couple : "Si c'était à refaire, vous remarieriez-vous ensemble ?", la réponse du mari jaillit aussitôt : "Moi, sans aucune hésitation." Comme la réponse de l'épouse tardait, son mari, un peu vexé, lui demanda : "Qu'y a-t-il, ma chérie, tu hésites ?" Et elle : "Pas du tout, mon amour, je voudrais absolument me remarier avec toi, seulement... je serais monsieur Charles et toi tu serais madame Charles." Ce qu'exprimait cette épouse, qui avait pourtant eu une vie heureuse aux yeux du monde et même aux siens, c'est qu'elle savait bien que dans leur couple "l'un avait été plus égal que l'autre" et que, tandis qu'elle vouait sa vie à l'épanouissement de M. Charles et de leurs enfants, elle-même n'avait jamais pu être autre chose que l'épouse de son mari et que celui-ci n'avait jamais été même effleuré par l'idée qu'il la tenait "en esclavage".]

En partant de la constatation que le masochiste se considère - à juste titre après tout - comme le plus accommodant, le plus compréhensif et le meilleur des êtres, il faut aussi voir que, là comme ailleurs, l'excès dénature l'effet positif d'une qualité et arrive à en inverser le sens. Car l'être "trop bon", c'est-à-dire celui qui se présente comme capable de tout comprendre, de tout supporter et de tout pardonner, ne fait que permettre à l'autre d'exercer son agressivité en toute impunité, ou même déclenche cette agressivité, ce qui le rend le complice, sinon l'inspirateur, du sadique.

Il n'est évidemment pas question de penser que toutes les personnes qui sont compréhensives, faciles à vivre et accommodantes sont des masochistes qui devraient se réformer au plus vite, mais on doit seulement prendre conscience qu'au-delà ou en deçà d'un certain espace d'équilibre, la tendance s'inverse et, de constructive qu'elle était, devient destructrice.

CHAPITRE I

Soumission à l'autorité et sadisme

Pour éclairer mon propos, et l'idée que non seulement le masochisme mais aussi une position masochiste[11] réveille à coup sûr la pulsion sadique du partenaire, je m'appuierai sur un ouvrage bien connu et extrêmement intéressant qui, tout en partant d'un point de vue entièrement différent et même à l'opposé du mien, me semble cependant le corroborer.

Il s'agit du célèbre rapport de Stanley Milgram dans lequel il affirme que si la majeure partie des êtres humains acceptent d'infliger à d'autres êtres humains des sévices qui peuvent aller jusqu'à la torture et à la mort, c'est par *"soumission à l'autorité"*, parce qu'ils ne peuvent pas résister à l'autorité qui le leur demande.

Les citations et explications que je vais exposer sont tirées de son livre, justement publié sous le titre de *"Soumission à l'autorité"*[12], dans lequel il montre comment et pourquoi il est arrivé à cette conclusion. Celle-ci est issue d'une expérience qui consistait à proposer à un certain nombre de personnes de collaborer à une recherche

---

[11] Cette notion sera définie au chapitre III.
[12] Stanley Milgram, *"Soumission à l'autorité"*, Calmann-Lévy 1979.

scientifique, dont le but apparent était de mieux comprendre les systèmes d'apprentissage.

Il ne s'agissait nullement d'apprentissage en réalité car l'expérience avait pour finalité de connaître les réactions de sujets auxquels l'organisateur du test aurait enjoint de faire souffrir d'autres personnes. Milgram et ses collaborateurs voulaient savoir si ceux-ci - et combien d'entre eux - obéiraient à de tels ordres.

La première expérience concerna une centaine de personnes et se déroula à l'université de Yale, aux États-Unis, mais elle fut reprise ensuite par de nombreuses autres universités dans plusieurs pays, avec des résultats tout à fait semblables.

Le titre qu'il a donné à son ouvrage indique déjà le choix théorique de Stanley Milgram, qui pense démontrer de façon absolue que si des êtres humains, choisis au hasard et réputés normaux, acceptent d'en torturer d'autres, c'est uniquement par soumission à l'autorité, parce que l'ordre leur en a été donné.

Il consacre en effet trois lignes, tout à la fin de l'ouvrage, pour réfuter l'idée qu'une autre raison pourrait intervenir : *"Le soldat tue parce qu'on lui dit de tuer et qu'il estime de son devoir d'obéir aux ordres. Le fait d'infliger une pénalisation douloureuse à la victime ne vient pas des pulsions destructrices des participants mais de leur intégration dans une structure dont ils sont incapables de se dégager."*

Si je pense également que l'obéissance aveugle à une autorité reconnue comme supérieure est une des composantes de l'acceptation de tuer et de torturer, puisqu'en tant que substitut parental elle lève l'interdit, je pense en revanche qu'une autre cause, au moins aussi importante d'une telle acceptation, provient du réveil de la pulsion sadique déjà mise en mouvement par les cris des victimes.

Cette expérience me semble en effet montrer que la pulsion sadique - plus ou moins forte suivant les individus - est excitée par la **position masochiste de la victime** : le "moniteur" (ainsi est nommé celui qui donne les ordres qui déclenchent la souffrance) peut en effet suivre minute par minute la progression des douleurs, puis des tortures, qu'il inflige à l'élève (ainsi est désignée la victime). Il peut entendre les cris, les supplications, puis les hurlements de douleur de "l'autre", ce qui est le parangon d'une position masochique poussée à sa dernière extrémité et lui montre que sa victime est totalement à sa merci.

[Il faut cependant noter qu'il n'est même pas question, dans les expériences de Milgram, d'ordres impératifs imposés par une autorité puissante puisque les ordres sont donnés par un scientifique et dans le cadre d'une expérience universitaire, mais qu'il s'agit en fait plutôt d'incitations, comme le dit Milgram lui-même. D'un autre côté, les soldats en guerre obéissent à l'autorité suprême et contraignante de leur pays ; ils tuent sans avoir le plus souvent une perception exacte des conséquences de leur acte et, en défendant leur patrie et leurs enfants, ils ne torturent pas dans une gradation savante.]

Ce qui a poussé Milgram à initier et poursuivre sa recherche, c'est l'existence du phénomène nazi. Comme bien d'autres, il s'est demandé comment un peuple aussi civilisé que le peuple allemand avait pu suivre et approuver les hitlériens. Il écrit dans sa préface : *"La façon dont l'homme peut concilier les impératifs de l'autorité avec la voix de sa conscience est un problème permanent de la société humaine."*

Les expériences qu'il décrit dans son livre sont la transcription minutieuse des conditions imposées aux sujets et destinées à exercer une pression plus ou moins forte sur eux. Il s'agissait de découvrir quelle quantité de pression serait suffisante pour leur faire accepter des actions qui infligeraient des souffrances de plus en plus intolérables à un autre être humain et à quel moment leur conscience se révolterait suffisamment pour désobéir aux ordres.

Milgram refuse absolument l'idée d'une agressivité des sujets soumis à l'expérience ; il rejette le rapprochement que certains ont fait entre ces sujets et des tortionnaires et, pour leur répondre, il écrit dans sa préface que ce rapprochement pourrait paraître exact car : *"Ce n'est pas faux, en ce sens que les sujets administrent effectivement une punition de plus en plus sévère à une victime innocente qui proteste. Peut-être un tel acte est-il assez proche de celui qu'accomplit un tortionnaire. Mais ce terme sous-entend l'idée d'infliger un châtiment par simple cruauté, pour le plaisir de procurer autant de souffrance que possible à la victime. Ce n'est pas là une relation exacte de ce qui s'est passé au laboratoire. Le sujet se voyait comme participant à une expérience scientifique légitime. La punition était infligée, croyait-il, non pour faire souffrir la victime mais afin de mieux connaître le processus d'apprentissage. L'attitude du sujet vis-à-vis de la victime n'était pas du tout celle du tortionnaire, de même que le fait de gifler un enfant n'a rien de commun avec celui de le martyriser."*

Or ces expériences - dont j'expliciterai quelques-unes - allaient de la simple remontrance jusqu'aux pires tortures et éventuellement jusqu'à la mort de la victime. Il n'y avait naturellement pas de victime, mais le sujet l'ignorait puisqu'il en était séparé par une cloison opaque ; il en entendait cependant les cris de souffrance, les supplications désespérées suivies, à la fin, du silence de la mort.

Il me semble impensable de comparer des tortures qui vont jusqu'à la mort de la victime à une gifle donnée à un enfant désobéissant, et je pense que Milgram, terrifié par le sadisme que révélait ses expériences et le fait qu'elles montraient que les nazis ou du moins certains d'entre eux n'étaient pas des monstres mais des "monsieur tout le monde", a désespérément essayé de soulager l'humanité d'un tel poids.

Il ne s'aperçoit cependant pas que, ce faisant, il décharge les médecins tortureurs des camps de déportation qui prétendaient, de la même façon, exposer les déportés aux pires souffrances et à la mort "pour l'avancement de la science".

Les S.S. et autres hitlériens étaient d'ailleurs persuadés, eux aussi, de participer à une œuvre aussi indispensable que sublime, car elle permettrait de débarrasser leur bien-aimée mère-patrie allemande de tous les parasites - Juifs, Tziganes, homosexuels, peintres et écrivains modernes etc. - qui la salissaient.

Penser, même sincèrement, que l'autre peut être torturé pour l'avancement de la science ou qu'il est indigne de vivre puisqu'il n'appartient pas à la bonne race et que c'est donc légitimement et dans un but élevé qu'on l'élimine, n'excuse absolument en rien le fait de s'arroger le droit de l'inférioriser, de le torturer ou de le tuer.

L'expérience de Milgram se présentait ainsi : le département de psychologie sociale de l'université avait publié dans le journal local, par une petite annonce à l'intitulé très neutre, son intention de recruter des personnes qui accepteraient de participer à une étude sur l'apprentissage. Les personnes qui se présentèrent n'avaient pas été choisies par l'expérimentateur : elles appartenaient à tous les milieux sociaux et étaient de tous les âges.

Ces personnes avaient été réunies deux par deux et avaient été nommées l'une "le moniteur" et l'autre "l'élève". On avait alors emmené l'élève (la "victime") dans une pièce et, au vu du moniteur, *"on l'installe sur une chaise munie de sangles qui permettent de lui immobiliser les bras pour éviter tout mouvement désordonné et on lui fixe une électrode au poignet"*.

On avait alors informé la future victime qu'elle allait devoir apprendre une liste de couples de mots et la redire à la demande ; chaque erreur qu'elle commettrait devant être sanctionnée par une décharge électrique dont l'intensité s'accroîtrait à chaque faute.

Le moniteur (le donneur d'ordres) avait alors été conduit dans une autre pièce, où il ne pouvait pas voir l'élève, et qui était munie d'une rangée de manettes censées communiquer à celui-ci des chocs électriques qui s'échelonnaient de *"choc léger"* à *"attention, choc dangereux"*.

Le moniteur croyait, bien entendu, à la réalité de l'expérience tandis que l'élève était joué par un acteur professionnel qui était chargé de pousser les plaintes, cris ou hurlements de douleur avec un réalisme adapté à l'intensité de la décharge qu'il était censé avoir reçue. Milgram écrit : *"Tous les témoins s'accordent à dire qu'il est impossible de restituer par l'écriture le caractère poignant de l'expérience"* ; en effet, à soixante-quinze volts le sujet gémissait mais, jusqu'à cent vingt volts, ses phrases restaient compréhensibles. Puis ses supplications se faisaient de plus en plus véhémentes et pathétiques. Enfin, *"à deux cent quatre-vingt-cinq volts, sa seule réaction est un véritable cri d'agonie"*.

Milgram reconnaît explicitement que l'expérimentateur ne peut avoir un ascendant comparable à celui d'un chef militaire puisqu'il ne dispose d'aucun moyen de coercition et qu'une expérience de psychologie n'a pas le caractère d'impérieuse nécessité qu'implique la guerre. Et cependant tous ont accepté de participer et *"les résultats de l'expérience, écrit-il, sont à la fois inattendus et inquiétants. Même si l'on tient compte du fait que beaucoup de sujets éprouvent un stress considérable et que certains protestent auprès de l'expérimentateur, il n'en demeure pas moins qu'une proportion importante d'entre eux continue jusqu'au niveau de choc le plus élevé du simulateur."*

Il explique alors que la plupart des personnes auxquelles on a parlé des résultats de l'expérience estiment que ceux qui ont administré toute la gamme des décharges sont des monstres ; cependant, si l'on considère le fait que **près des deux tiers des moniteurs participants sont allés jusqu'au bout,** cet argument devient irrecevable et cela d'autant plus que les moniteurs n'avaient rien de particulier, qu'ils étaient des gens ordinaires : ouvriers, chefs d'entreprise ou cadres.

Et il ajoute que lorsqu'on interroge avant l'expérience ceux qui seront les moniteurs sur la contrainte qu'exerce le plus fort sur le plus faible et la cruauté nécessaire, ils disent tous, avec conviction, qu'il faut s'abstenir de toute action nuisible envers une victime sans défense : *"Eux aussi savent en termes généraux ce qu'il faut faire et ne pas faire et ils peuvent fort bien citer les valeurs auxquelles ils croient. Mais cela n'a que peu de rapport - pour ne pas dire aucun - avec leur comportement réel sous la pression des circonstances."*

Il est pour moi évident qu'avant le début de l'expérience la pulsion sadique du "moniteur" était au repos et que celui-ci pouvait donc juger sereinement de ce qu'il estimait être sa notion du bien et du mal. Tout autre était devenu son état d'esprit lorsque la "position masochiste" de l'élève vint exciter sa pulsion sadique ; comme l'indique Milgram, le comportement des moniteurs *"n'a que peu de rapport - pour ne pas dire aucun - avec leur comportement réel sous la pression des circonstances".*

Une autre constatation intéressante de Milgram est que *"bien qu'un individu, dans ces conditions, commette des actes qui semblent violer les critères de sa conscience, on aurait tort d'en conclure que son sens moral a disparu ; plusieurs d'entre eux étaient mal à l'aise et demandaient même à l'expéri-*

*mentateur d'arrêter la torture, mais ils continuaient lorsque celui-ci leur disait de continuer. L'un d'entre eux répétait même : "Il **faut** continuer !, il **faut** continuer !"*

Je vois là, pour ma part, bien plus la poussée impérieuse de la pulsion sadique, réactivée par la position masochiste de la victime, qu'une soumission à l'autorité de l'expérimentateur, même si celle-ci est évidemment présente aussi ; on retrouve ce que j'avais moi-même noté : le conflit qui oppose la pulsion et le Surmoi et le fait que le "nouveau sadique" ne se reconnaît pas dans cette façon d'être.

Je suis par ailleurs naturellement d'accord avec Milgram lorsqu'il dit que le sens moral du moniteur n'est pas aboli car il s'agit, dans le cadre de cette expérience, d'un "sadique occasionnel", c'est-à-dire de quelqu'un qui ne désire pas sadiser autrui mais que le réveil de la pulsion contraint à le faire (sauf, évidemment, si le sujet est un vrai pervers).

Comme je l'ai déjà dit, ceux dont le sadisme a été réactivé par le masochisme de leur partenaire ne sont le plus souvent nullement heureux de cet état de choses que leur Surmoi leur reproche ; c'est ainsi qu'après la guerre de nombreux Allemands, une fois leur pulsion sadique à nouveau jugulée, ne parvinrent pas à comprendre pourquoi leur conscience n'avait pu les mettre à l'abri de ce qui les rendait désormais honteux.

Une autre constatation du rapport sur "La soumission à l'autorité" est intéressante ; les expérimentateurs avaient introduit une variante dans le protocole : le moniteur n'abaissait pas lui-même la manette qui commandait le choc électrique ; il n'en était donc plus le seul responsable puisque cette action était accomplie sur son ordre, mais par une autre personne. Le taux de ceux qui allèrent jusqu'à l'électrocution de la victime fut encore plus élevé, puisque sur les quarante participants à cette variante, trente-sept allèrent jusqu'au bout, c'est-à-dire jusqu'à la mort présumée de la victime.

Le moniteur était donc coupable des tortures et de la mort mais cette variante reproduit bien la dilution de la responsabilité morale à cause de laquelle tant de personnes assistent passivement aux pires horreurs : faut-il alors désespérer des êtres humains au point de penser que ce n'est pas par manque d'imagination qu'ils restent indifférents, mais parce qu'ils jouissent de leur pulsion sadique par procuration et donc sans troubles de conscience ?

Trois sur quarante, cependant, résistèrent[13], et l'on garde en mémoire le comportement de la communauté de Chambon-sur-Lignon qui, sous la conduite de son pasteur André Trocmé, abrita et sauva, au mépris d'un danger mortel, plusieurs milliers de personnes qui fuyaient la persécution nazie. Son modèle d'identification était son pasteur, et cela fut suffisant pour maintenir la pulsion sadique des ouailles dans la répression qui avait été la sienne jusque-là.

Les persécutés n'étaient plus dès lors dans une position masochiste favorisant la pulsion sadique mais des frères ou des amis à sauver.

Les rapports sadomasochistes s'étaient même inversés, et cette dose raisonnable de masochisme qui fait du masochiste *"le plus tendre, le meilleur et le plus obligeant des hommes"* était devenue le fait des habitants de Chambon-sur-Lignon, tandis que les persécuteurs - bien malgré eux - étaient les réfugiés, qui faisaient souffrir les habitants par leur malheur même.

[Je montrerai plus loin que c'est ce même mécanisme de transfert du masochisme qui est à la base des victoires de la non-violence.]

---

[13] Ce qui est un progrès ; Dieu, à Sodome et Gomorrhe, n'en trouva qu'un sur plusieurs milliers.

CHAPITRE II

Nature du sadomasochisme

J'examinerai maintenant quelques-uns des points de vue qui concernent cette affection avec en tout premier, naturellement, celui de Freud lui-même et je reprendrai donc ici, en les développant, les indications déjà données dans le chapitre précédent.

C'est très tôt que Freud s'est intéressé à la question du sadomasochisme puisque dès 1905, dans les "Trois essais sur la théorie de la sexualité", il formulait ses idées sur cette question. Il y écrit en effet que "sadisme" et "masochisme", c'est-à-dire le désir de faire souffrir l'objet sexuel, ou pour cet objet de souffrir, sont les plus fréquentes de toutes les perversions ; il note aussi qu'il s'agit d'une seule et même perversion qui *"a été nommée par Krafft-Ebing sadisme ou masochisme selon qu'elle est active ou passive"*. [14]

Dans cet ouvrage l'origine du sadisme est reliée à la sexualité en tant que celle-ci, chez la plupart des hommes, contient des éléments d'agressivité et une tendance à vouloir maîtriser l'objet sexuel. Le sadisme proviendrait donc d'un développement excessif de la com-

---

[14] Freud, *"Trois essais sur la théorie de la sexualité"* 1905, Coll. "Idées" Gallimard.

posante agressive de la pulsion sexuelle, tandis que le masochisme *"n'est pas autre chose qu'une continuation du sadisme qui se retourne contre le sujet, lequel prend pour ainsi dire la place de son objet sexuel"*.

Il écrit aussi que le terme de sadisme, dans le langage courant, n'a pas un sens très précis car il désigne aussi bien les cas ou le sadique éprouve le besoin de se montrer actif ou violent que les cas pathologiques dans lesquels la satisfaction est conditionnée par les mauvais traitements effectifs que l'on applique à l'objet sexuel. Ce ne sont que ces derniers cas, dit-il, que l'on devrait considérer comme des perversions.

Aux prises avec l'épineux problème du masochisme moral, il en utilise l'exemple le plus parlant, celui qu'on peut observer dans le déroulement même de la thérapie : la "réaction thérapeutique négative", c'est-à-dire le moyen par lequel le masochiste en analyse réussit à ne pas renoncer à ses souffrances.

La pensée de Freud évolue cependant à ce sujet ; en un premier temps, au moment de l'analyse de "L'homme aux loups" (dont le début date de 1910), il pense que la réaction thérapeutique négative est faite pour démontrer l'incapacité du médecin et donc pour se sentir supérieur à lui. Mais, dans le "Moi et le ça" (1923), il commence à penser qu'il s'agit d'une raison bien plus essentielle puisqu'on se trouve devant un sentiment de culpabilité inconscient et que c'est cette culpabilité fantasmatique qui a contraint le sujet a devenir malade et qui l'oblige à le rester.

Puis sa pensée évolue encore ; c'est-à-dire que, comme presque toujours chez lui, sa nouvelle théorie n'abolit pas les précédentes, elle s'y ajoute et les complète.

Dans "Le problème économique du masochisme" (1924), il commence par reconnaître que, si c'est bien le principe de plaisir, dont le but est d'obtenir la satisfaction et d'éviter le déplaisir, qui domine les processus psychiques, alors le masochisme - qui nie cette domination et qui recherche la souffrance - devient incompréhensible : *"Si la douleur et le déplaisir peuvent être en eux-mêmes des buts et non des avertissements, le principe de plaisir est paralysé, le gardien de notre vie psychique est comme sous l'effet d'un narcotique."*[15]

Si par contre on accepte l'idée que ce n'est pas le principe de plaisir que recherche l'être humain avant tout, alors c'est la théorie qui s'effondre.

Il n'en est évidemment rien et l'article de Freud est destiné à en apporter la preuve.

Il étudie donc les trois formes de masochisme qu'il a isolées et, des trois formes : érogène, féminin et moral, c'est cette dernière, selon lui qui est la plus énigmatique et la plus importante ; il y voit cependant plus clair, dit-il, depuis qu'il a reconnu le sentiment de culpabilité dans le masochisme moral et qu'il a pu le faire intervenir dans sa deuxième théorie des pulsions : "Pulsion de vie/pulsion de mort."

Dans cette deuxième théorie des pulsions, en effet, il établit que dès l'apparition des êtres pluricellulaires (qui sont mortels) la libido (pulsion de vie) a contré la pulsion de mort. Il y eut donc, à partir de là, deux forces antagonistes qui s'opposèrent, en eux comme en nous, et pour le temps que dure la vie de chacun.

C'est en effet *"la libido qui a pour tâche de rendre inoffensive cette pulsion destructrice et s'en acquitte en dérivant cette pulsion en grande partie vers l'extérieur"*. Cette pulsion dérivée *"se nommerait alors pulsion de destruction, pulsion d'emprise, volonté de puissance"*[16] : c'est cette partie de la pulsion qui est sadique, tandis qu'une autre partie reste dans l'organisme où elle est à la base du masochisme érogène, directement relié à la sexualité.

Dans le masochisme moral, au contraire, ce qui est *"surtout remarquable, c'est que sa relation avec ce que nous considérons comme sexualité se trouve relâchée"* ; aussi il importe peu que la souffrance soit infligée par l'être aimé ou sur son ordre, ou par un indifférent ou même par des puissances impersonnelles ; ce qui est recherché c'est la souf-

---

[15] Freud, "Le problème économique du masochisme", in *"Névrose, psychose et perversion"*, P.U.F. 1974.
[16] *Ibid.*

france elle-même : *"le véritable masochiste tend toujours la joue quand il a la perspective de recevoir une gifle"*, écrit-il dans le même article.

Cependant, quelle que soit la forme que prend le masochisme, il est du côté du plaisir puisqu'il érotise la souffrance et il en est de même si c'est la culpabilité qui est érotisée en premier, car c'est toujours de jouissance qu'il s'agit.

Je pense que l'un n'exclut pas l'autre et que la libido, partout présente, érotise et la souffrance et la culpabilité.

Je propose maintenant l'idée que l'origine du sadomasochisme se trouve dans les deux positions indiquées par Mélanie Klein : la "position schizo-paranoïde" et la "position dépressive".

Le côté sadique de la pulsion sadomasochiste me semble en effet prendre sa source dans la première de ces deux positions, qui est faite de clivage et de projection ; or ce sont ces mêmes défenses qu'utilise à nouveau le sadique : il clive ses sensations, gardant les bonnes en lui et projetant les mauvaises sur l'autre, qui a toujours tous les torts.

En effet, le sadisme de l'enfant, qui est présent dès le début de la vie, est dirigé non seulement contre le sein de sa mère mais aussi contre tout l'intérieur de son corps : *"il désire l'évider, en dévorer le contenu, le détruire par tous les moyens que le sadisme propose"* [17] ; le développement du petit enfant étant régi par le clivage et le mécanisme d'introjection/projection, il garde en lui les "bons objets" tandis qu'il projette les "mauvais objets" à l'intérieur de sa mère, avec la conséquence que celle-ci devient alors mauvaise et persécutrice et doit donc être détruite par tous les moyens - fantasmatiques évidemment - dont dispose l'enfant.

Et on retrouve pareillement l'embryon du fonctionnement masochiste dans la position dépressive qui voit se constituer, avec la peur de perdre l'objet total, le désir de réparation et les sentiments oblatifs.

---

[17] Mélanie Klein, "Contribution à l'étude des états maniaco-dépressifs", in *"Essais de psychanalyse"*, Payot 1980.

C'est vers l'âge de six ou sept mois que le nourrisson commence à reconnaître l'existence d'une réalité psychique interne aussi bien que celle d'une réalité extérieure, et c'est au même moment qu'il commence à comprendre que sa mère, jusque-là clivée en "bonne" et "mauvaise" mère, n'est qu'une seule et même personne.

Ces deux images se rapprochent donc l'une de l'autre au fur et à mesure du développement de l'enfant et, "*Dans cette direction, les premiers pas qui comptent sont faits lorsque l'enfant en vient à connaître sa mère comme une personne complète et s'identifie à elle comme à une personne complète, réelle et aimée. C'est alors que se dessine la position dépressive.*"[18]

En effet, le bébé est alors passé de la présence d'objets partiels à celle d'un objet total et, désormais privé de sa défense par clivage, sa crainte de perdre cet objet devient intense et donne naissance à la position dépressive, ressentie chaque fois qu'une séparation avec la mère se prépare.

C'est la perception du fait qu'il n'a pas détruit un objet partiel haï mais sa mère bien-aimée qui l'emplit de culpabilité et de désir de réparation.

Nous reconnaissons là sans peine la base même du masochisme et son contraignant besoin de tout donner à l'autre en se gardant bien de réclamer quoi que ce soit pour soi-même.

"*Le moi ne parvient à constituer son amour pour un objet bon, un objet complet et de plus un objet réel, qu'en passant par un écrasant sentiment de culpabilité. Fondée sur l'attachement au sein d'abord, puis à la personne tout entière, l'identification totale avec l'objet s'accompagne d'angoisse à son endroit (ou à l'endroit de sa désagrégation possible), de culpabilité et de remords, du sentiment d'être responsable de son intégrité contre les persécuteurs et le ça et de tristesse dans la crainte de sa perte imminente. Qu'elles soient conscientes ou inconscientes, ces émotions font à mon avis partie des éléments essentiels et fondamentaux des sentiments que nous appelons amour.*"[19]

---

[18] *Ibid.*
[19] *Ibid.*

Ce sont ces textes de Mélanie Klein, dont je ne puis donner ici que quelques bribes, qui me permettent de relier le sadisme à la position schizo-paranoïde et le masochisme à la position dépressive.

Sentiment de culpabilité et surmoi

Nous venons de voir que la recherche de Freud sur le sadomasochisme l'a mené à la découverte qu'il y a, dans le masochisme, un fort sentiment de culpabilité, et il s'est tout naturellement demandé d'où provenait une culpabilité si violente.

Mais, pour mieux le comprendre, il s'est d'abord attaché à différencier nettement le sentiment de culpabilité du masochisme, car si l'une est à la base de l'autre, ils ne se trouvent cependant pas dans le même lieu psychique ; il écrit : *"Dans le premier (la conscience morale, la culpabilité) l'accent porte sur le sadisme accru du Surmoi auquel se soumet le moi ; dans le second (le masochisme moral) il porte au contraire sur le masochisme propre du moi qui réclame punition, qu'elle vienne du Surmoi ou de l'extérieur, des puissances parentales."*[20]

On voit qu'il y a une différence importante entre le sentiment de culpabilité et le masochisme puisqu'il s'agit d'une différence topique : le sentiment de culpabilité est en rapport avec le Surmoi, alors que c'est dans le moi que se situe le désir de souffrance, désir propre au moi et indépendant de la sévérité plus ou moins grande du Surmoi ; le sentiment de culpabilité est "moral", le masochisme est "moral", mais ils ne se trouvent pas dans la même instance.

Et Benno Rosenberg écrit : *"Dans la culpabilité, le moi se soumet au Surmoi, alors que dans le masochisme moral il s'agit d'un désir qui lui est propre : le moi ne se soumet pas au Surmoi, il désire cette soumission. Ce qui sépare fondamentalement la culpabilité du masochisme c'est la question du lieu de la satisfaction. Dans la culpabilité, la satisfaction est une satisfaction libidinale qui a son objet propre, et la culpabilité fait suite à cette satisfaction ; alors que dans le masochisme moral la satisfaction, ou du moins la satisfaction essentielle,*

---

[20] Freud, *"Le problème économique du masochisme"*.

réside dans la culpabilité même, c'est le sentiment de culpabilité qui est érotisé, c'est-à-dire masochiquement investi"[21]

Par ailleurs le masochiste a constamment la tentation, à laquelle il succombe avec volupté, de commettre la faute afin d'avoir la punition, ce qui fait qu'on ne sait plus si c'est le sentiment de culpabilité qui est érotisé ou la souffrance de la punition ; je pense, ainsi que je l'ai déjà indiqué, que les deux sont indissolublement liés.

La vision de Mélanie Klein est un peu différente ; pour elle, le désir de punition est provoqué par la peur surmoïque d'une rétorsion de la part des parents : l'enfant s'attend à ce qu'on lui applique la loi du talion, c'est-à-dire qu'on le découpe, qu'on le brûle, qu'on le dévore, comme lui-même a désiré le faire à l'égard de ses parents ; ne recevoir qu'une punition réelle lui paraît anodin comparé à ses craintes fantasmatiques et provoque le soulagement désiré[22]. Tant il est vrai que la réalité est toujours moins terrible que les fantasmes, comme cela se voit clairement dans les contes pour enfants qui mettent en scène des parents qui abandonnent leurs enfants au plus profond de forêts dangereuses, qui sont des ogres et les dévorent, qui les battent et les affament etc.

Pour Freud, et à juste titre, le sentiment de culpabilité et le Surmoi, qui sont à la source du masochisme, sont d'origine parentale - œdipienne - et il les situe essentiellement du côté paternel.

Cependant, si le Surmoi et la punition sont à l'évidence d'origine paternelle, doit-on penser qu'il en est forcément de même pour la culpabilité ? Cela sera étudié plus loin car il faut d'abord regarder du côté du Surmoi.

---

[21] Benno Rosemberg, "Masochisme mortifère et masochisme gardien de vie", in *Monographie de la Revue française de psychanalyse*, 1991.
[22] Mélanie Klein, "Les situations d'angoisse de l'enfant et leur reflet dans une œuvre d'art et dans l'élan créateur", in *"Essais de psychanalyse"*, Payot 1980.

Le surmoi

En ce qui regarde l'instance moralisatrice - le Surmoi susceptible d'être à la source d'un sentiment de culpabilité - nous trouvons, à côté de ce qui reste des images parentales internalisées, celles des maîtres, des autorités, des grands hommes, tous modèles qui viennent s'ajouter aux premières imagos au cours du développement de l'enfant ; la dernière figure de cette série qui a débuté avec les parents étant pour les uns le destin, Dieu pour les autres, et pour d'autres encore la nature.

En effet, dit Freud, ce Surmoi qui crée la morale est *"une formation substitutive qui remplace la nostalgie pour le père, il contient le germe à partir duquel toutes les religions se sont formées. Lorsque le moi se compare à son idéal, le jugement qu'il porte sur sa propre insuffisance engendre le sentiment d'humilité religieuse auquel le croyant en appelle dans sa ferveur nostalgique"*[23].

Le Surmoi, cependant, n'est pas univoque et avant d'être le classique "héritier du complexe d'Œdipe" il existe sous la forme d'un Surmoi précoce. C'est surtout Mélanie Klein qui a développé cette conception du Surmoi et de son rôle, aussi est-ce sur ses écrits que je m'appuierai pour en parler ; le Surmoi préœdipien est en effet particulièrement important dans la formation du sentiment inconscient de culpabilité, et donc du masochisme, en ceci qu'il est beaucoup plus sévère et même cruel que ne l'ont été - dans la très grande majorité des cas - les parents réels du sujet.

Mélanie Klein écrit : *"Citons en exemple le cas d'un petit garçon de quatre ans que ses parents n'avaient jamais puni ou menacé ; bien plus, ils étaient exceptionnellement tendres et aimants. Le conflit entre le moi et le Surmoi trahissait ici (mais il ne s'agit que d'un exemple parmi bien d'autres) un Surmoi d'une sévérité extraordinaire. Selon la formule bien établie qui prédomine dans l'inconscient, l'enfant attendait, à cause de ses propres tendances cannibaliques et sadiques, des punitions telles qu'être châtré, coupé en morceaux, mangé etc., et vivait dans la crainte constante de les subir."*

Elle ajoute ensuite que la différence qu'on peut constater entre une mère douce et aimante et la punition que son propre Surmoi

---

[23] Freud, "Le moi et le ça", in *"Essais de psychanalyse"*, P.B.P. 1981.

prétend infliger à un enfant est si disproportionnée qu'elle en est grotesque.

La conclusion qu'elle en tire (conclusion à ne jamais oublier) est que : *"nous ne devons en aucun cas identifier les véritables objets à ceux que les enfants introjectent"*.[24]

Pour expliquer de façon encore plus claire la cruauté du Surmoi précoce elle note, dans un autre de ses articles, que le rattachement de la formation du Surmoi aux phases prégénitales est doublement important parce que *"d'une part, le sentiment de culpabilité se trouve rattaché à la phase sadique-orale et sadique-anale, qui prédominent encore à cette époque, et d'autre part, la naissance du Surmoi se situe à un moment où ces phases sont à l'ascendant, ce qui explique son sadisme et sa sévérité"*.[25]

Origine du sentiment de culpabilité

Les raisons de ressentir un sentiment de culpabilité d'origine fantasmatique sont nombreuses dans l'espèce humaine ; j'en mentionnerai quelques-unes qui sont communes à tous les hommes et auxquelles viennent évidemment s'ajouter plus tard des raisons environnementales, personnelles à chacun, et que seule une psychanalyse pourra dévoiler.

Les plus importantes des causes dont est fait le sentiment de culpabilité inconscient spécifique sont reliées à l'Œdipe.

L'une concerne la mère : pour le petit enfant, avoir convoité sa mère (ce qui signifie avoir voulu prendre la place du père et donc désiré son élimination) est bien évidemment une cause de culpabilité dont le souvenir trop cuisant a été refoulé. Mais pour être devenu inconscient ce souvenir n'en continue pas moins ses ravages.

À cette première culpabilité d'origine maternelle vient s'ajouter - et quel que soit le sexe de l'enfant - celle d'avoir aussi convoité le

---

[24] Mélanie Klein "Colloque sur l'analyse des enfants", in *"Essais de psychanalyse"* Payot 1980.

[25] Mélanie Klein "Les phases précoces du conflit œdipien", in *"Essais de Psychanalyse"*.

père, ce qui avait forcément pour corollaire de désirer la disparition de la mère. Une aussi grave raison de se sentir coupable devait être refoulée elle aussi et elle venait renforcer et s'ajouter, dans l'inconscient, au sentiment de culpabilité lié au désir de mort dirigé contre le père.

À ces deux causes premières il faut en ajouter une autre, d'autant plus forte que le petit enfant croit à son omnipotence et à la toute puissance de ses pensées ; il se vit donc comme éminemment dangereux et, comme tel, destiné à être puni.

Cette autre cause de culpabilité, elle aussi angoissante, se trouve dans le fait que tout enfant à non seulement désiré tuer les rivaux œdipiens mais qu'il a aussi souhaité la disparition de ses frères et sœurs. Pour un enfant, en effet, se voir dépossédé de la première place, devoir partager l'amour de ses parents avec un autre, un nouveau venu préféré, est une insupportable atteinte narcissique que seule la mort de l'intrus pourrait apaiser.

Mélanie Klein rend très présente cette pulsion destructrice - sadique - par les découvertes qu'elle a faites grâce à ses psychanalyses d'enfants ; une telle pulsion destructrice voudrait s'exercer non seulement à l'égard des parents mais aussi à celui de la fratrie ; elle écrit : *"Il est une autre relation qui joue un rôle fondamental : c'est la relation aux frères et aux sœurs plus jeunes ou plus âgés. Le petit enfant, qui apparemment ne sait rien sur la naissance, a une connaissance inconsciente très précise du fait que les enfants poussent dans le sein de leur mère. La jalousie éveille une haine violente contre l'enfant dans le sein maternel et suscite le désir - fantasme habituel chez un enfant durant une nouvelle grossesse de sa mère - de mutiler le ventre de celle-ci et de défigurer l'enfant qui s'y trouve en le mordant et en le coupant."*[26]

Mais comme ces objets haïs que l'enfant veut détruire **sont en même temps ses objets d'amour,** la seule solution qui lui reste est de refouler le souvenir de ses attaques, car ce souvenir serait trop lourd pour son moi encore faible.

---

[26] Mélanie Klein, "Les tendances criminelles chez les enfants normaux", in *"Essais de psychanalyse"*.

Naturellement cette situation conflictuelle - qui n'est jamais mise à jour - reste présente et active dans l'inconscient où elle engendre un fort sentiment de culpabilité qui conduit lui-même (lorsque le sujet n'a pas les moyens de le contenir) à la seule solution qui reste possible, la recherche de la punition salvatrice.

Le scénario inconscient du masochisme moral est donc directement relié à ceux qui doivent punir, c'est-à-dire aux parents de la petite enfance et l'instance, devenue impersonnelle, qui infligera plus tard la souffrance en est évidemment issue elle aussi.

C'est pourquoi les personnes masochistes, dit Freud, *"donnent l'impression d'être excessivement inhibées moralement, comme si elles étaient sous la domination d'une conscience morale particulièrement sensible, bien que rien de cette hypermorale ne soit conscient pour elles"* ; nous retrouvons là l'idée que les masochistes sont les meilleurs et les plus sensibles des êtres, parce qu'ils sont les plus moraux et donc les plus respectueux du bien et des désirs d'autrui.

Mélanie Klein donne une intéressante explication de ce phénomène ; elle écrit : *"Le corollaire essentiel de l'angoisse, de la culpabilité et des sentiments dépressifs est le besoin de faire réparation. Poussé par sa culpabilité, le petit enfant est contraint à détruire l'effet de ses tendances sadiques par des moyens libidinaux. Le besoin de réparer renforce son amour, qui coexiste avec ses tendances agressives."*[27]

On comprend bien alors pourquoi le masochiste est "le meilleur des hommes" : la seule façon de rendre la culpabilité, mère du masochisme, moins lourde à porter c'est de réparer sa faute ; mais la réparation du mal (fantasmatique), cause à l'objet qu'on a endommagé ne peut se faire que par l'emploi de moyens libidinaux - c'est-à-dire les moyens affectifs du courant tendre - ce qui, tout naturellement, développe les capacités d'amour.

---

[27] Mélanie Klein, "Le complexe d'Œdipe éclairé par les angoisses précoces", in *"Essais de psychanalyse"*, Payot 1980.

Jeannette

Je voudrais maintenant présenter un court passage d'une analyse au cours de laquelle j'ai pu découvrir un tel sentiment de culpabilité inconscient ainsi que l'essai de réparation qui l'accompagnait.

Jeannette était une charmante jeune femme d'environ trente cinq ans, d'origine asiatique mais qui vivait à Paris depuis son enfance. Elle vint me voir car, malgré une vie réussie sur bien des plans, elle souffrait d'une dépression sous-jacente qui, si elle ne lui avait pas interdit le succès, lui gâchait cependant une partie de son plaisir de vivre.

Son enfance passée au Viêt-nam avec les horreurs de la guerre, la terrible blessure de son jeune frère qui y avait perdu une jambe en sautant sur une mine, m'avaient semblé être les motifs essentiels de son état, mais ce fut cependant le deuil non fait d'une patrie perdue[28] qu'elle mit en avant au début de l'analyse : les odeurs, la langue que tous parlaient autour d'elle et qui était comme une enveloppe sonore, la douceur de l'air, tout cela était perdu pour toujours...

Elle se sentait néanmoins pleinement française, adorait son nouveau pays et elle aurait donc dû - comme le lui répétaient ses amis et comme elle le pensait elle-même - se sentir heureuse ; elle avait en effet tout pour l'être : un travail qui l'intéressait et qui était convenablement payé, un mari qu'elle aimait et qui le lui rendait bien, un fils affectueux qui poursuivait de bonnes études.

Après que tout cela eut été travaillé, c'est un sujet d'angoisse beaucoup plus important, mais auquel s'était substitué celui de la patrie perdue, qui vint au premier plan : la terrible blessure de son frère, dont elle découvrit qu'elle se sentait profondément coupable.

Personne ne l'avait jamais accusée et sa propre raison lui disait, maintenant qu'elle avait découvert cette culpabilité, qu'elle n'y était pour rien. Les choses s'étaient en effet déroulées ainsi : elle-même et son jeune frère jouaient dans un pré situé non loin de leur demeure,

---

[28] Cf. Gabrielle Rubin, *"Travail du deuil, travail de vie"*, L'Harmattan 1998.

dans un lieu qu'on croyait sûr car, jusque-là, eux-mêmes et d'autres enfants s'y étaient rendus sans dommage.

"*C'est la malchance, la malchance seule*", disait-elle après avoir reconnu son sentiment de culpabilité, et plutôt pour s'en persuader elle-même que pour m'en convaincre.

Mais on sait bien que la réalité extérieure n'allège en rien un tel sentiment et elle retrouva, intacte après tant d'années, la question obsédante d'avant le refoulement, "*Pourquoi lui et pas moi ?*"

Elle disait cela (ainsi que beaucoup de ceux qui ont perdu un être cher dans des circonstances tragiques) comme si l'ogre de la guerre avait exigé quelqu'un, et peu importe qui, ce jour-là et en ce lieu-là.

Elle croyait donc que si c'était elle qui avait sauté sur la mine la faim du Moloch aurait été apaisée et que par conséquent le petit frère aurait été épargné. Une telle pensée est évidemment absurde pour la raison, mais tout à fait acceptable pour cette part irrationnelle qui existe en chaque humain, fut-il par ailleurs le plus rationnel des êtres.

Jeannette était une jeune femme très intelligente et elle faisait désormais parfaitement la différence entre la réalité extérieure et sa culpabilité fantasmatique. La raison lui disait en effet qu'elle n'aurait en aucun cas pu sauver son frère car, si elle avait connu la présence d'une mine, les deux enfants se seraient bien gardés d'aller jouer là et donc que **personne** n'aurait été blessé.

Mais ce raisonnement était parfaitement inopérant, et la culpabilité de Jeannette ne put commencer à décroître que lorsqu'elle accepta de savoir de quoi était fait son sentiment de culpabilité, c'est-à-dire quand devint peu à peu conscient l'intense désir qu'elle avait eu depuis la naissance de son frère de le voir retourner d'où il était venu, au besoin en l'y poussant.

C'est à partir de l'élaboration de ce thème que Jeannette commença à se sentir vraiment mieux et qu'elle put jouir plus franchement de la vie ; mais il restait cependant en elle une insatisfaction dont la cause nous fut révélée par l'analyse d'un de ses rêves, dont elle me fit le récit suivant :

"*J'étais dans une salle de spectacle, regardant une pièce qui me plaisait beaucoup lorsque je me suis soudain retrouvée sur la scène, non plus dans le public mais parmi les acteurs. Avec un plaisir inexprimable, je prenais le rôle de la vedette et je récitais avec passion la tirade que j'adressai au jeune premier. Et puis, je ne sais pas pourquoi, je me suis tournée vers les coulisses et là j'ai vu un jeune garçon qui, un doigt sur les lèvres, m'ordonnait de me taire. Le rêve s'est arrêté là ; mais toute ma joie était partie et, en me réveillant, j'ai senti que j'avais les yeux pleins de larmes.*"

Je vais résumer ici ce que nous découvrîmes grâce à ce rêve : une partie seulement de sa culpabilité par rapport à son frère était jusque-là devenue consciente ; une autre raison, à laquelle il lui fut encore plus difficile de renoncer, celle qui lui avait permis de contenir l'angoisse persécutante de sa culpabilité, se présentait ainsi : à cause de l'accident qui lui avait coûté une jambe, le petit frère de Jeannette avait failli mourir ; déjà très affaibli par l'hémorragie et parce qu'un temps trop long s'était écoulé entre la blessure et son arrivée à l'hôpital, une grave infection s'était déclarée et l'enfant était resté de longs jours entre la vie et la mort.

C'est en ces moments terribles que Jeannette avait fait un pacte avec les "puissances supérieures" : elle leur avait promis que, si son frère guérissait, elle-même renoncerait à faire du théâtre, ce qu'elle souhaitait par-dessus tout, me dit-elle, depuis qu'elle était en âge de penser.

Le garçon finit par guérir, la famille put venir en France et Jeannette "oublia", c'est-à-dire refoula tout ce qui se rapportait à son pacte, sauf l'interdit inconscient, car c'était le compromis qui lui permettait de sauver son développement, en assignant à sa culpabilité et à son besoin de réparation un territoire limité.

Rien de tout cela n'était conscient et, jusqu'à son analyse, elle avait été persuadée d'avoir renoncé à sa vocation non pas à cause de sa culpabilité et de sa promesse, mais uniquement par souci de la réalité économique. Ses parents lui avaient montré et elle-même avait accepté d'idée que la vie d'artiste était bien hasardeuse et qu'il valait mieux se montrer raisonnable.

Le sentiment de toute puissance qu'elle avait retiré de son pacte avait consolidé ce choix qui lui disait que désormais la vie de son frère dépendait d'elle.

Mélanie Klein définit ainsi le besoin de réparation : "*Les fantasmes réparateurs constituent, et souvent dans les plus menus détails, l'inverse des fantasmes sadiques ; au sentiment de toute puissance sadique correspond un sentiment de toute puissance réparatrice* "..."*Le désir de donner et de recevoir une satisfaction libidinale se trouve donc accru par le besoin de faire réparation. Le petit enfant pense en effet que l'objet blessé peut être restauré de cette manière, que le pouvoir de ses propres tendances agressives est réduit, que ses tendances d'amour peuvent se déployer, et que sa culpabilité peut s'apaiser.*"[29]

Le besoin de réparation de Jeannette avait été satisfait par sa renonciation au métier d'actrice ce qui, comme le dit Mélanie Klein, avait apaisé son sentiment de culpabilité et l'avait poussée à se faire la protectrice de son frère, qu'elle choyait en toutes occasions.

Le danger de le voir mourir restait cependant toujours présent et, dans son esprit, satisfaire son désir de devenir actrice équivalait à condamner son frère à mort.

Picasso raconte une histoire très semblable : alors qu'il était âgé d'une dizaine d'années et que tous s'accordaient déjà à lui prédire un avenir radieux en tant que peintre, la jeune sœur de Pablo tomba gravement malade. Au milieu des pleurs et des prières, le frère promit à la Sainte Vierge d'abandonner à jamais ses pinceaux si sa sœur guérissait ; mais, à l'inverse du frère de Jeannette, la sœur de Picasso mourut et, se jugeant relevé de sa promesse, Pablo put faire la carrière que l'on sait.

Nous savons que tout enfant désire faire disparaître, éventuellement par des moyens violents et sadiques, l'intrus né après lui. Mais nous savons aussi qu'il en ressent inconsciemment une grande culpabilité ; aussi les sacrifices de Jeannette et de Pablo avaient-ils pour but de réparer l'objet qu'ils avaient fantasmatiquement endommagé et donc de calmer leur culpabilité inconsciente.

---

[29] Mélanie Klein, "Le complexe d'Œdipe éclairé par les angoisses précoces", in *"Essais de Psychanalyse"*, Payot 1980.

En effet, la réalité présentait à chacun d'eux un objet terriblement blessé, comme si la toute puissance de leurs pensées agressives avait réellement été efficace et qu'il leur fallait donc impérativement réparer le mal causé.

La différence entre ces deux cas, si semblables par ailleurs, est que Jeannette refoula le souvenir qui resta inconscient jusqu'à ce que l'analyse le révélât ; pour Pablo, au contraire, le refoulement était inutile : il avait proposé un contrat et, celui-ci ayant été refusé, il se sentait dégagé de toute obligation.

Il en était tout autrement pour Jeannette car pour elle la terrifiante équation était toujours présente : faire du théâtre = tuer mon frère.

Aussi avait-il été nécessaire pour elle de refouler ce souvenir qui, resté présent, eût provoqué un insurmontable conflit : la raison montrant à Jeannette que sa promesse n'avait pas de réalité, tandis que sa pensée irrationnelle et omnipotente lui affirmait le contraire.

CHAPITRE III

La souffrance

L'idée que le masochiste resexualise la souffrance pour elle-même est acceptée par tous, mais je crois cependant qu'il faut la compléter en indiquant que cette souffrance resexualisée n'est pas un "corps simple" mais qu'elle est faite de l'agrégat de diverses composantes et que ce sont ces composantes qui rendent cette souffrance désirable.

Ce nous appelons "souffrance sexualisée du masochiste" c'est l'enveloppe, la peau qui contient et lie ensemble plusieurs causes plus secrètes de jouissance que, tout à la fois, elle révèle et cache.

Ce n'est en effet pas n'importe quelle souffrance qui est apte à satisfaire le masochiste et si, on néglige les conditions internes de cette souffrance, on s'interdit de voir que la première et la plus importante d'entre elles est qu'il doit s'agir **d'une souffrance psychisée**, ce qui est une constatation banale, mais d'où découle cette conséquence : si une souffrance peut être remplacée par une autre équivalente ou plus satisfaisante, le masochisme ne saurait cependant pas disparaître, même lorsque survient un grand malheur dans la réalité extérieure.

Et c'est pourtant ce que pense Freud qui écrit : "*La souffrance qui accompagne la névrose est précisément le facteur par lequel celle-ci devient pré-*

cieuse pour la tendance masochiste. Il est également instructif d'apprendre que, contre toute théorie et contre toute attente, une névrose qui a défié tous les efforts thérapeutiques peut disparaître quand la personne est tombée dans la détresse d'un mariage malheureux, a perdu sa fortune ou a contracté une redoutable maladie organique."[30]

Je ne pense pas qu'il en soit ainsi et je crois que la disparition que l'on constate est une illusion plutôt qu'une réalité, tout comme l'est, par ailleurs, la névrose de destinée[31], ainsi que je me propose de le démontrer.

La première idée à prendre en compte est donc que la souffrance recherchée est une souffrance psychisée : cela est évident aussi bien dans le cas du masochisme érogène, dont la souffrance somatique est liée à un indispensable scénario psychique conscient, que dans celui de la souffrance du masochisme moral, avec la différence que celle-ci n'est pas volontairement somatisée et qu'elle est liée à un scénario fantasmatique inconscient.

Malgré leurs points communs, cette importante différence sépare et oppose presque les deux masochismes : le scénario du masochiste érogène est connu de lui et c'est **activement** qu'il cherche le sadique qui le réduira à l'état passif et lui infligera la souffrance désirée, alors que le scénario qui sous-tend la recherche du masochiste moral reste inconscient, **comme reste inconnu de lui le fait qu'il est partie prenante dans le choix qu'il fait d'un partenaire sadique.**

Ce scénario inconscient du masochisme moral, cette psychisation, ne sont repérables que lors d'une psychanalyse et c'est évidemment le fait de ramener au jour, de rendre conscient ce scénario répétitif, qui permet au sujet de renoncer à sa compulsion de répétition.

[C'est le scénario masochiste qui s'efface, et évidemment pas le masochisme ; celui-ci étant pulsionnel ne peut pas disparaître en

---

[30] *Ibid.*
[31] Cf. le passage consacré plus loin à la névrose de destinée.

totalité. Mais lorsqu'il a été reconnu et travaillé dans le transfert, il devient possible de le contenir ou de le réprimer.]

Je pense donc que les souffrances qui ne sont pas reliées au scénario du masochiste ne provoquent pas de jouissance et que le sujet y réagit exactement comme le fait un non-masochiste.

Les douleurs provoquées par un cancer ou toute autre maladie particulièrement douloureuse ne sont pas, à ma connaissance, recherchées par les masochistes ni revendiquées comme jouissance lorsqu'elles surviennent (sauf, bien sûr, en certains cas particuliers dans lesquels le scénario s'est justement formé - ou reconstruit - autour d'une telle maladie).

Or ces souffrances-là ne sont pas attribuées à une personne ou à un objet interne, elles sont imputées à la malchance, au destin contraire. Et nous savons, Freud le précise, que les souffrances du masochiste n'ont pas besoin de *"provenir d'une personne aimée, être endurées sur son ordre... Ce qui importe, c'est la souffrance elle-même ; qu'elle soit infligée par une personne aimée ou indifférente, cela ne joue aucun rôle ; elle peut aussi être causée par des puissances ou circonstances impersonnelles"*.[32]

Ce n'est donc pas d'être attribuées au hasard (ce qui nous ramènerait à la névrose de destinée) qui différencie la souffrance sans joie de la maladie de la souffrance sexualisée du masochiste ; c'est, à mon sens, le fait que **ce type de souffrance n'a pas pour substrat un scénario masochiste.**

On peut voir, a contrario, les mystiques catholiques accepter et même se réjouir de pareilles épreuves parce qu'elles sont soutenues par un scénario qui est d'ailleurs conscient et grâce auquel ils peuvent s'identifier au Christ.

D'un autre côté, on peut aussi constater que tous les masochistes ne réagissent pas de la même façon lorsque survient un grand malheur ; aussi, je ne crois pas que cette nouvelle souffrance puisse suffire à provoquer la levée de la névrose comme le pense Freud,

---

[32] Freud, "Le problème économique du masochisme", in *"Névrose, psychose et perversion"*, P.U.F. 1974.

qui écrit qu'elle peut disparaître lorsque survient *"une souffrance d'un autre ordre"* ; d'un autre ordre, cela veut dire une souffrance **non-masochique**. Car la souffrance que causent l'échec sentimental, la perte de sa fortune ou une redoutable maladie demeure, bien évidemment, et seule la jouissance sexuelle névrotique/masochiste qui les accompagnerait peut s'effacer.

Cependant, en n'écrivant pas : *"une névrose qui a défié tous les efforts thérapeutiques disparaît"* mais bien : *"peut disparaître"*, Freud me semble indiquer qu'il lui reste un doute au sujet de cette disparition soudaine d'une névrose.

Je pense quant à moi qu'il n'en est rien et que, dans de tels cas, deux réponses sont possibles : une partie des masochistes souffrira, par exemple devant les douleurs d'un cancer, exactement comme un non-masochiste, et cela ne l'empêchera pas de continuer à être masochiste par ailleurs ; ce ne sont pas ces nouvelles souffrances qui lui interdiront d'être "le bienfaiteur toujours abandonné par ses obligés", ni celui qui pense qu'il n'est qu'un être sans importance, ni celui qui accepte les brimades : à l'hôpital où sa maladie l'a conduit, il sera sûrement le dernier à recevoir les soins et celui dont les infirmières s'occuperont le moins.

Ces masochistes-là n'ont pas pu, pour des causes diverses, intégrer ces nouvelles souffrances dans leur scénario inconscient ; elles ne font donc pas partie du scénario masochiste et ne contiennent que peu (puisque rien d'humain ne saurait en être dépourvu) de sexualité, et par là même peu de jouissance.

D'autres masochistes, au contraire, s'empareront de cette souffrance nouvelle qui leur semblera plus adéquate ou plus intense encore que l'ancienne, et elle viendra donc remplacer ou s'ajouter à la précédente ; c'est de ces masochistes que parle Freud quand il écrit : *"Une forme de souffrance a été relayée par une autre, et nous voyons qu'il ne s'agissait que de pouvoir maintenir une certaine quantité de souffrance."*

Je pense qu'en fait personne ne renonce jamais à sa névrose autrement que par le travail profond d'une psychanalyse et si de tels sujets guérissent de leur cancer, s'ils reçoivent un héritage ou s'ils retrouvent leur objet d'amour, ils retrouveront aussitôt également leur souffrance précédente ou une autre souffrance érotisable, c'est-à-dire qui sera compatible avec leur scénario intérieur.

Si donc le masochisme **paraît avoir disparu**, c'est parce qu'**aux yeux du spectateur** des causes réputées "réelles" de souffrance sont venues se substituer aux causes inconscientes et inconnues de tous ; ce sont elles, désormais, qui seront sur le devant de la scène, qui seront acceptées par l'entourage et ainsi "officiellement" débarrassées de leur masochisme.

Je pense donc que les deux possibilités existent, tous ayant une raison visible et acceptée par l'entourage de souffrir et comme tels **réputés normaux**, mais jouissant encore plus secrètement de leurs souffrances. La différence étant que les uns auront substitué ce nouveau scénario au précédent, tandis que d'autres garderont leur ancienne souffrance érotisée à laquelle vient s'ajouter une souffrance nouvelle non érotisée.

Je voudrais maintenant examiner ce que recèle, en dehors de la satisfaction de la culpabilité, l'érotisation de la souffrance masochiste.

Il faut, à mon sens, ajouter au sentiment inconscient de culpabilité ceux, tout aussi inconscients, de l'omnipotence, du narcissisme et un exhibitionnisme très secret, comme trois autres puissantes raisons qui poussent une personne à devenir et surtout à rester masochiste, c'est-à-dire à "aimer sa souffrance".

En effet, se considérer et être considéré par les autres, ainsi que le dit Freud, comme "*le plus tendre, le plus obligeant et le meilleur des hommes*" est déjà une satisfaction narcissique importante ; si on y ajoute la pensée : **moi seul suis capable de tant de bonté et de tant d'abnégation pour le bonheur de... mon partenaire, ma famille, mon pays, l'humanité...** le plaisir omnipotent devient si intense pour le narcissisme qu'il est difficile d'y résister ; comme le note Mélanie Klein : "*Les fantasmes réparateurs constituent, souvent dans les plus menus détails, l'inverse des fantasmes sadiques ; au sentiment de toute puissance sadique correspond un sentiment de toute puissance réparatrice.*"

Autrement dit, au fantasme inconscient d'une horrible faute commise avec un sadisme (infantile) que rien ne peut venir entraver - c'est-à-dire omnipotent - seule une puissance réparatrice, elle aussi omnipotente, peut s'opposer. Nous nous retrouvons donc du côté de "l'hypermorale" du masochiste et c'est ce côté hautement moral qui, en rendant vertueuse et donc acceptable une telle omnipotence, permet au masochiste d'en jouir sans trop de culpabilité.

Une autre composante encore de la jouissance que procure le masochisme à l'aide de la souffrance se trouve dans l'exhibitionnisme : se montrer pitoyable, recueillir l'admiration de ses proches et de ses amis pour sa capacité à accepter les brimades et les humiliations sans révolte (à tendre l'autre joue), pouvoir se dire que tout en étant un être inexistant et nul on est cependant vu, reconnu et admiré justement pour sa capacité à s'effacer et à souffrir, est un plaisir exhibitionniste non négligeable.

En effet, pour le masochiste qui a l'impression d'être une quantité proche du zéro aussi bien aux yeux d'autrui qu'aux siens, la souffrance qui contient en elle ces trois sources de satisfaction est le seul plaisir qu'il peut s'autoriser ; il ne peut pas reconnaître pleinement qu'il jouit d'une souffrance qui contient de telles sources de plaisir, mais il peut jouir, à moitié consciemment, de la seule puissance qui lui soit permise, **celle du sacrifice.**

Je pense en effet que la recherche du masochiste moral ne concerne pas tant la souffrance pour elle-même que le sacrifice qui est à la source de l'omnipotence, du narcissisme et de l'exhibitionnisme. Mais comme le sacrifice ne peut exister que grâce à la souffrance, la douleur s'érotise et de détestable qu'elle était elle devient au contraire souhaitable.

Il faut maintenant examiner la nature des malheurs qui sans cesse accablent certaines personnes et savoir si on est en présence de masochistes soumis à une compulsion de répétition ou s'il ne faut pas, dans certains cas, parler de névrose de destinée.

Dès l'abord et quelles que soient les circonstances, la première pensée qui vient à l'esprit du psychanalyste qui reçoit une personne accablée par des malheurs en série, c'est qu'il se trouve devant un cas de masochisme. Il suppose dès lors que ce patient est un masochiste qui s'ignore et qui choisit toujours, à son insu, le partenaire avec lequel il va créer la situation qui le tourmente.

Il pense donc qu'il s'agit là de ce qui lui est familier, c'est-à-dire d'une compulsion de répétition ; et cependant Freud lui-même conçoit l'idée d'une "névrose de destinée" ce qui, tout en étant difficilement acceptable, mérite cependant qu'on s'y arrête.

Le masochisme : névrose de destinée ou compulsion de répétition ?

Il existe en effet des cas où il est absolument impossible, même pour l'observateur le plus attentif, de trouver la moindre trace de la participation d'une personne à ses douloureux problèmes ; on ne peut plus alors continuer à la considérer comme masochiste, et on est contraint à faire appel à la mauvaise chance, au hasard, au destin, pour expliquer cette longue suite de malheurs.

C'est cette étrange situation que les psychanalystes ont nommé "névrose de destinée".

Il ne peut cependant échapper à personne que la vie d'un masochiste ressemble beaucoup à la vie de celui qui paraît souffrir d'une névrose de destinée ; mais ce qui nous empêche de déclarer tout simplement que la névrose de destinée n'est qu'une apparence et qu'il s'agit bien de masochisme, c'est qu'on ne peut pas repérer la compulsion de répétition qui signerait un cas incontestable de masochisme.

Devant une personne constamment en proie à des malheurs, on se demande donc s'il s'agit d'un véritable masochisme ou si on ne doit pas plutôt attribuer cet état de fait à une névrose de destinée. Or le choix est impératif, car les deux possibilités sont exclusives l'une de l'autre et ce que nous savons de l'ambivalence psychique n'est, dans ce cas, d'aucun secours.

En effet, à côté de l'évidente parenté qui rassemble la névrose de destinée et la compulsion de répétition - elles sont toutes deux caractérisées par la répétition et toutes deux, s'enracinant dans l'inconscient, demeurent ignorées du sujet - il y a entre elles une importante différence : l'une - la compulsion de répétition - contraint le sujet à être actif (dans "compulsion" il y a "pulsion"), tandis que dans l'autre - la névrose de destinée - le sujet **subit** son mauvais destin et nous apparaît donc comme passif.

Nous nous trouvons donc devant une incompatibilité et une contradiction qui rend impossible l'utilisation concomitante de ces deux possibilités pour caractériser celui qui est constamment en proie au même genre de malheurs : si celui-ci est passif, il n'est en rien responsable des événements qui le martyrisent ; il est alors le jouet du destin et souffre d'une névrose de destinée.
La psychanalyse ne peut rien pour lui.
Si par contre il s'agit bien d'une compulsion de répétition, ce qui devient alors incompréhensible c'est comment celle-ci peut avoir déterminé le destin du masochiste lorsque son partenaire sadique n'est en aucune façon, même si peu que ce soit, choisi par lui.

Mais il faut, avant d'aller plus loin, définir plus précisément ces deux termes : "compulsion de répétition" et "névrose de destinée", puisque je pense que seule la première existe et que la seconde n'est qu'un artefact.

La compulsion de répétition

C'est un processus inconscient qui contraint le sujet à se placer dans des situations pénibles, **où il répète des expériences infantiles** dont il a perdu le souvenir conscient et dont il est persuadé qu'elles ne sont motivées que par sa situation actuelle. Freud les considère comme un processus isolé qui n'entre pas dans le cadre du conflit "principe de plaisir/principe de réalité". En dépit de l'idée selon laquelle le but de l'appareil psychique est d'éviter le déplaisir et de se procurer du plaisir, la compulsion de répétition engendre des situations si pénibles qu'on a du mal à comprendre où situer la compulsion de répétition par rapport au principe de plaisir.

"Dans l'inconscient psychique, écrit-il dans "L'inquiétante étrangeté", *on peut reconnaître la suprématie d'une compulsion de répétition provenant des motions pulsionnelles et dépendant vraisemblablement de la nature la plus intime des pulsions, suffisamment puissante pour se placer au-dessus du principe de plaisir, prêtant à certains aspects de la vie psychique leur caractère démoniaque."*[33])

Pour répondre à cette question, Freud est passé par l'analyse de la répétition dans la cure, où elle peut être étudiée à loisir ; il écrit : *"Pour mieux arriver à concevoir cette 'compulsion de répétition' qui se manifeste dans le traitement psychanalytique des névrosés, il faut avant tout se libérer de l'idée erronée selon laquelle on aurait affaire, lorsqu'on combat les résistances, à la résistance de l'inconscient. L'inconscient, c'est-à-dire le refoulé, n'oppose à la cure aucune espèce de résistance ; en fait, il ne tend à rien d'autre qu'à vaincre la pression qui pèse sur lui pour se frayer un chemin vers la conscience ou vers la décharge"*..."*La résistance de l'analysé provient de son moi et nous saisissons du coup que la* **compulsion de répétition** *doit être attribuée* **au refoulé inconscient***."*[34]

Le conflit se situe donc entre l'inconscient et le moi.

Il note ensuite que, dans la cure comme dans la vie, les névrosés répètent ce qui les a fait souffrir autrefois, par exemple en prenant des attitudes qui *"avec beaucoup d'habileté, font revivre toutes ces circonstances non désirées et toutes ces situations affectives douloureuses"*. Ils réussissent ainsi à se faire traiter avec froideur et même avec dureté par les êtres qu'ils aiment le plus ou par leur analyste.

[Freud étudie ensuite, dans le même ouvrage, les rapports qu'entretient la compulsion de répétition avec la pulsion de mort, mais

---

[33] Freud, "L'inquiétante étrangeté", 1919, in *"Essais de psychanalyse appliquée"*, Idées Gallimard 1973.
[34] Freud, "Au delà du principe de plaisir", 1920, in *"Essais de Psychanalyse"*, P.B.P. 1981.

cet aspect de la question n'étant pas en relation directe avec mon sujet, je ne l'étudierai pas ici.]

La névrose de destinée

Étant donné que les malheurs du sujet se répètent indéfiniment on pourrait facilement croire que la névrose de destinée est composée de compulsions de répétition, s'il n'était impossible de retrouver la trace d'un choix, même inconscient, qui les motiverait. Et on voit combien les deux notions sont proches et quelle est la difficulté de choisir entre les deux possibilités - névrose de destinée ou compulsion de répétition - si l'on se réfère à la définition de la névrose de destinée que donnent Laplanche et Pontalis dans leur "Vocabulaire de la psychanalyse" : la névrose de destinée *"désigne une forme d'existence caractérisée par le retour périodique d'enchaînements identiques d'événements, généralement malheureux, enchaînements auxquels le sujet paraît être soumis comme à une fatalité extérieure alors qu'il convient, selon la psychanalyse, d'en chercher les ressorts dans l'inconscient et spécifiquement dans la compulsion de répétition"*.

Ces auteurs nous signalent bien que, pour la psychanalyse, c'est l'inconscient et la compulsion de répétition qui sont en cause, que le sujet *paraît* être soumis à la fatalité et *qu'il convient* d'en chercher les ressorts dans la compulsion de répétition.

Mais ils attribuent à ce phénomène le nom de *"névrose de destinée"* et ils ne nous éclairent pas sur la théorie qui pourrait nous permettre de résoudre cette contradiction, fut-elle seulement apparente ; Freud convient d'ailleurs lui-même qu'il est des cas qui ne sont explicables que par l'existence d'une destinée contraire.

Cette nécessité de proposer une névrose nouvelle, dite "de destinée", mais qui n'est pourtant pas une névrose puisque le sujet n'est pas le producteur du symptôme, ne laissait pas de troubler Freud car postuler l'intervention du destin pour expliquer une quantité anormale de malchance est incompatible avec la pensée psychanalytique.

Il avait cependant dû imaginer l'existence d'une *"compulsion du destin"*, (tel est le nom qu'il donne à ce que nous appelons "névrose de destinée") dans laquelle la répétition n'est justement pas compulsionnelle ; il écrit, dans "Au-delà du principe de plaisir" : *"Dans ce qu'on pourrait appeler 'compulsion de destin' (Schicksalszwang), une grande part nous semble compréhensible rationnellement sans qu'on éprouve le besoin de faire intervenir un nouveau et mystérieux motif."*

Mais c'est seulement *"une grande part"* qui peut être expliquée rationnellement et il y a un reste qui demeure inaccessible à la raison. Aussi, alors que des malheurs constamment répétés ne nous étonnent pas quand l'intéressé en est responsable, nous sommes incapables de trouver une telle explication rationnelle lorsque *"la personne semble vivre passivement quelque chose à quoi elle n'a aucune part d'influence"*.

Et, pour donner un exemple, Freud cite le cas de ces *"personnes dont toutes les relations humaines vont vers la même issue : bienfaiteurs que tous leurs protégés, si différents soient-ils, abandonnent après quelques temps avec rancune, comme s'il leur était dévolu de boire l'ingratitude jusqu'à la lie ; hommes dont toutes les amitiés s'achèvent par la trahison de l'ami ; amoureux dont chaque affaire de cœur avec les femmes traverse les mêmes phases et conduit à la même fin etc. Cet 'éternel retour du même' ne nous étonne guère lorsqu'il s'agit d'un comportement **actif** de l'intéressé et que nous découvrons dans sa nature un trait de caractère immuable qui ne peut que se manifester dans la répétition des mêmes expériences. Nous sommes bien plus fortement impressionnés par les cas où la personne semble vivre **passivement** quelque chose sur quoi elle n'a aucune part d'influence ; et pourtant elle ne fait que revivre toujours la répétition du même destin"*[35].

Il constatait donc, dans ce passage, que l'opposition actif/passif[36] signait une différence entre "compulsion de répétition" et "répétition du même destin", mais l'opposition qui lui apparaissait comme

---

[35] Freud, *"Au delà du principe de plaisir"*, 1920.
[36] Une ressemblance apparaît là entre d'une part le couple compulsion de répétition (considérée comme active) / névrose de destinée (considérée comme passive) et d'autre part le couple sadisme (actif) / masochisme (passif).

majeure (*"nous sommes bien plus impressionnés"*) c'est que la compulsion de répétition est propre à la névrose tandis que la "répétition du même destin", tout en produisant les mêmes effets, n'en fait pas partie.

C'est bien cela qui pose problème : *"revivre toujours la répétition du même destin"*, sans qu'on puisse invoquer la compulsion de répétition, oblige à concevoir une névrose de destinée.

Freud était tracassé par cette énigme et il écrivait, dans une autre partie du même ouvrage : *"Ce que la psychanalyse révèle dans les phénomènes de transfert chez les névrosés* (c'est-à-dire l'existence de compulsions de répétition) *peut être retrouvé dans la vie de **certaines personnes non névrosées**. Celles-ci donnent l'impression qu'un destin les poursuit, d'une orientation démoniaque de leur existence"... "la compulsion qui se manifeste là n'est pas différente de la compulsion de répétition des névrosés, même si les personnes en question n'ont jamais présenté les **signes d'un conflit névrotique** aboutissant à la formation de symptômes."*[37]

On voit donc clairement dans ce passage que, si la compulsion de répétition signe évidemment le masochisme et ne pose donc pas de problème à la théorie psychanalytique, il en va tout autrement d'une autre compulsion, innommée dans ce passage, qui lui ressemble en tout point mais qui affecte des **personnes non névrosées** ; on est dès lors obligé d'accepter l'idée que cette répétition sans fin des malheurs qui frappent *"ces personnes non névrosées"* n'est imputable qu'au seul hasard. Il s'agit donc bien d'une névrose non névrotique et d'une compulsion qui ne provient pas du refoulé ce qui, disons-le, est impossible.

Freud note bien, lorsqu'il parle de cette compulsion "non névrotique", que certaines personnes *"donnent l'impression d'un destin qui les poursuit, d'une orientation démoniaque de leur existence"*. Et c'est justement parce qu'elles n'étaient pas intervenues dans le choix de leur partenaire et que celui-ci leur avait été imposé de l'extérieur (il ne s'agis-

---

[37] Freud, "Au-delà du principe de plaisir".

sait donc pas d'une compulsion de répétition) qu'il avait jugé ces personnes comme exemptes de névrose.

Pour mieux préciser sa pensée Freud donne - toujours dans "Au-delà du principe de plaisir" - quelques exemples de ce type de situation, presque comme pour se persuader qu'il ne s'agit pas d'une névrose mais bien d'une destinée. Il cite une femme dont les trois maris tombèrent malades peu après leurs noces et qu'elle dut soigner jusqu'à leur décès, puis il convoque les poètes ; ainsi le Tasse, dans "La Jérusalem délivrée" raconte l'histoire de Tancrède : Clorinde, la bien-aimée fiancée de ce héros, a revêtu l'armure des chevaliers ennemis et, sans la reconnaître, Tancrède la tue croyant tuer un Sarrasin. Naturellement, lorsqu'il découvre la vérité, il pleure et se désespère. Après les funérailles, il reprend son rôle de héros et pénètre dans une forêt afin de rassurer ses compagnons les Croisés, terrifiés par ce qui se cache dans ce Bois Enchanté. Là, d'un coup de son épée, Tancrède fend un grand arbre et voit alors du sang surgir de la blessure ; il reconnaît à ce moment-là voix plaintive de Clorinde, dont l'âme était venue précisément habiter cet arbre, qui l'accuse de l'avoir encore une fois tuée.

Ce qui trouble Freud, ce qui l'impressionne fortement, comme il le dit, c'est la **passivité** du sujet ; **il lui arrive** des catastrophes, il est **poursuivi** par la malchance, il ne prend pas une part **active** à ses malheurs qui sont donc des coups du sort, alors qu'à mon sens l'impression de malchance, le destin contraire ne sont que l'apprenne tandis que la véritable raison de tant de malheurs est bien le masochisme de celui qu'ils accablent ; et l'apparence trompeuse qu'ils revêtent est due au fait qu'un tel masochiste **n'a pas besoin de rechercher son complémentaire sadique, il le crée par son masochisme même.**[38]

Autrement dit, il ne recherche pas inconsciemment le sadique qui le fera souffrir - ce qui serait une compulsion de répétition - il

---

[38] Dans le cas de Tancrède, ce n'est évidemment pas ce héros qui crée son malheur répétitif, mais c'est le Tasse qui, par sa toute-puissance d'auteur, se fait le maître imaginaire du destin.

réveille a son insu le sadisme latent - qui existe chez tout être humain - de son partenaire, celui-ci fut-il par ailleurs le moins sadique des êtres, comme ces... "*bienfaiteurs que leurs protégés, **si différents soient-ils**, abandonnent après quelques temps avec rancune*"... comme l'écrit Freud.

C'est en réfléchissant au "destin" de certains de mes patients qui semblaient être poursuivis par une malchance persistante que l'idée de l'activité constituante du masochiste m'est apparue, puisque cette malchance, cette accumulation de déceptions, d'injustices, de trahisons ne pouvait apparemment pas leur être imputée ; elle ne résultait en effet ni d'un fantasme de persécution paranoïaque ni d'une névrose d'échec. Qui plus est, ils n'étaient pas les seuls à constater cette accumulation d'épreuves ni à penser qu'elle était due à des *causes extérieures* : leurs parents et connaissances, tout en étant étonnés par le nombre anormalement élevé des malheurs qui les frappaient, ne trouvaient pourtant aucune corrélation entre la situation dans laquelle le hasard les avait placés et les souffrances et injustices qui en résultaient et ils se sentaient donc obligés - eux aussi - d'admettre l'idée que seul un destin funeste pouvait être la cause d'une malchance aussi tenace qu'étrange.

Mais, pour un esprit rationnel, croire à une destinée est impossible ; j'avais donc écarté de mes réflexions cet irritant problème jusqu'au moment où un patient - que j'ai appelé Pierre et dont je relate le cas plus loin - m'ait permis d'avancer une hypothèse qui résolvait cette contradiction.

Il faut noter cependant que l'usage de "*névrose* de destinée", qui a prévalu dans la terminologie psychanalytique, marque bien le doute qui subsiste au sujet de cette étrange compulsion qui serait, et en même temps ne serait pas, d'origine névrotique : en qualifiant de névrose cette accumulation de malheurs, mais en l'accolant à la destinée on a pu ménager la chèvre et le chou. Mais ces deux oppositions, actif/passif et névrotique/non-névrotique ne sont, pour moi, qu'une apparence : ce qu'on appelle "névrose de destinée" est bien une névrose, mais elle est soumise à une compulsion de répétition d'une espèce particulière ; et ce masochisme, qui s'avance masqué, loin d'être passif est au contraire parfaitement actif, et déclenche l'éclosion du sadisme de l'autre.

En résumé, la compulsion de répétition se caractérise par le fait qu'elle est *active* et *inconsciente ;* cette activité est toutefois décelable parce que la participation du sujet y est indispensable.

Jean Laplanche et Jean-Bertrand Pontalis écrivent dans leur *"Vocabulaire de la Psychanalyse"* que la compulsion de répétition est un *"processus incoercible et d'origine inconsciente, par lequel le sujet se place activement dans des situations pénibles, répétant ainsi des expériences anciennes sans se souvenir du prototype et avec au contraire l'impression très vive de quelque chose qui est pleinement motivé dans l'actuel"* ; ils montrent bien, dans ce passage et naturellement en référence à la pensée de Freud, d'une part le côté actif de la pulsion et de l'autre le fait qu'elle est inconsciente car le sujet est persuadé d'agir de façon adéquate et croit se déterminer uniquement en fonction de la situation qu'il affronte puisqu'il ignore le modèle inconscient auquel il se conforme.

Si l'on considère la névrose de destinée, au contraire, on voit que ce qui la caractérise c'est l'impression de passivité qu'elle exhibe : celui qu'elle tourmente ne se sent nullement actif ni en adéquation avec la situation. Bien au contraire tous le croient, et lui-même se vit, comme le jouet de forces mauvaises qui le dépassent et sur lesquelles il n'a aucune prise.

Mais cette contradiction disparaît si l'on admet qu'on n'est pas en présence d'une part d'un névrosé masochiste et d'autre part d'un névrosé sadique qui se rencontrent pour former un couple sadomasochiste, mais qu'on se trouve devant un névrosé masochiste qui "crée" un névrosé sadique.

On peut dire aussi qu'il y avait un névrosé normal qui, par sa rencontre avec le masochiste, s'est mis à développer un sadisme qui les a réunis en un couple sadomasochiste. Les éléments qui composent un tel couple sont variés ; il peut être composé de mari et femme, parents/enfants, associés, bienfaiteur/secouru etc., ce dont je donnerai des exemples plus loin.

CHAPITRE IV

La position masochiste et la déportation

J'ai pu constater que le mécanisme que j'avais vu à l'œuvre ("le masochisme de l'un réactive le sadisme latent de l'autre") se vérifiait non seulement dans les couples mais aussi dans les groupes, ce que je montrerai aussi plus loin par des exemples ; mais j'ai pu voir également qu'une **position masochiste déclenchait les mêmes effets que le masochisme d'une personne.**

Je vais donc maintenant étudier le sadomasochisme, lorsque le masochiste déclenche la pulsion sadique de l'autre, sous deux formes différentes : la première est celle de ces masochistes que les circonstances mettent en présence de personnes qui ne sont pas des sadiques avérés et, par des exemples, je montrerai qu'ils les poussent à le devenir.

J'étudierai ensuite le cas de personnes qui ne sont pas masochistes mais qui se trouvent dans une *position masochiste*, ce qui déclenche le même mécanisme ; c'est une position qui est impossible à éviter et qui n'est ni désirée ni voulue, mais qui incite les partenaires de ceux qui se trouvent en position masochiste - ou les individus du peuple dominant - à dominer avec violence.

Il n'est cependant évidemment pas question ici de "peuples masochistes", pas plus que de "peuples sadiques" ce qui, à ma connaissance, n'existe pas, mais de groupes humains qui se trouvent momentanément dans ce que j'appelle une *"position masochiste"*.

Cet état donne alors aux vrais sadiques de cette contrée une puissance qui fait d'eux les modèles d'identification de leur peuple.

La position masochiste

J'ai donc dégagé le concept de "position masochiste", en tant que cause réactivante du sadisme. Mais la définition de cette notion n'étant pas établie, je commencerai par l'expliciter : lorsque un sadique, qui dispose de toute la force et de toutes les armes nécessaires, torture un être sans défense, nous pouvons nous trouver devant plusieurs cas de figure ; il peut s'agir d'un couple sadomasochiste tel qu'il est généralement constitué, c'est-à-dire d'un couple dans lequel les deux partenaires acceptent leur mode de vie et en tirent une au moins assez grande part de jouissance ; il s'agit alors de perversion sadomasochiste, et c'est un aspect dont je ne traiterai pas, ainsi que je l'ai déjà signalé.

On peut aussi se trouver devant une personne qui semble n'être en rien partie prenante dans le sort qui l'écrase puisqu'elle n'a pas choisi son partenaire, mais dont je pense que la **pulsion masochiste** a provoqué la situation.

[On verra plus loin que le mécanisme est le même lorsqu'il s'agit **d'un groupe de victimes** qui n'a pas, lui non plus, pris de part active dans son malheur ; on ne se trouve toujours pas confronté à un "destin" : là aussi, c'est la **position masochiste** de ce groupe qui a permis le réveil du sadisme d'un autre groupe.]

Lorsqu'il s'agit de **position masochiste**, on va se trouver devant un de ces cas, extrêmement nombreux, où les tendances masochistes normales d'une personne vont se voir sollicitées par une situation de forte dépendance (patron et collaborateur, mari et femme, etc.) à une personne qui jusque-là n'était pas sadique mais seulement "névrosée normale".

La situation de dominé de ce masochiste qui s'ignore va alors, inconsciemment mais sûrement, amplifier son sentiment d'infériorité et, par là même, exciter le sadisme de son partenaire.

Au départ, aucun des deux partenaires n'était voué à former un couple sadomasochiste ; celui qui était faible et en état d'infériorité n'avait aucun désir conscient de jouer le rôle de victime, pas plus que l'autre ne voulait être un bourreau. Mais il se trouvera **dans une situation de dépendance particulièrement forte, ce qui déclenchera automatiquement le sadisme de celui qui est en position dominante.**

Dans un tel cas la pulsion sadomasochiste, jusque-là occultée, va s'emparer de cette situation favorable pour s'épanouir et c'est alors la **situation** qui est le maître d'œuvre ; les deux partenaires refusent d'ailleurs généralement d'accepter l'idée qu'ils pourraient former un couple sadomasochiste, tant cela leur semble éloigné de leur personnalité et tant il serait pénible, pour l'un comme pour l'autre, de se reconnaître dans de tels rôles.

Je dis "déclenche", et non en rend l'actualisation certaine. Il est évident que personne n'est obligé de se soumettre à ses pulsions perverses et que chacun d'entre nous, suivant ses capacités sublimatoires, la force ou la faiblesse de sa pulsion sadomasochiste et surtout la force et la qualité de son Surmoi, peut résister au désir de sadiser l'autre. Ce n'est heureusement pas tout le monde qui est excité par la faiblesse ; il en est, au contraire, que la faiblesse ou le malheur touchent profondément, ce qui les pousse à offrir leur aide à celui qui est malheureux.

Mais il faut cependant garder à l'esprit l'idée que, pour exercer une pression déclenchante sur le sadisme refoulé, inhibé ou sublimé d'un individu, la présence d'une personne qui soit réellement masochiste n'est pas nécessaire, la **position** masochiste est suffisante et cela donne, sur les rapports entre individus, un éclairage très différent de celui auquel nous sommes habitués.

Ce mécanisme d'activation du sadisme jusque-là refoulé, inhibé ou sublimé dans sa plus grande partie permet de comprendre comment certains individus ou peuples sont en butte à la constante persécution qui les martyrise. L'étrange accumulation de malheurs qui les frappe trouble et stupéfie les observateurs qui, ne trouvant aucune raison logique qui pourrait la justifier, ne peuvent expliquer ce qui se déroule sous leurs yeux. Pour ne donner qu'un seul exemple, on doit encore revenir au fait que c'est un des peuples les plus civilisés qui c'est laissé entraîner - activement ou passivement - dans l'horreur que furent les persécutions nazies.

Pour mieux expliquer ce que j'entends par masochisme actif et déclenchant le sadisme, et par position masochiste aboutissant au même résultat, je donnerai maintenant des exemples.

Je pense par ailleurs que c'est en analysant ces problèmes sous l'angle de la position masochiste individuelle ou collective qu'on pourrait mieux appréhender et donc mieux combattre de telles situations.

Pierre

J'indiquerai maintenant les constatations et les recherches qui furent à la base de cette théorie : mes premières réflexions sur la puissance du masochisme me furent offertes par un patient que j'ai appelé Pierre dans un court article où je traitais du même sujet[39] et dont je vais brièvement exposer le cas.

Tout le monde a connu des personnes sur lesquelles le malheur semble s'acharner ; il peut par exemple s'agir de ces hommes ou de ces femmes qui, ayant à grand-peine mis fin à un mariage malheu-

---

[39] Gabrielle Rubin, "Le bêlement du tigre", in *"Psychanalyse dans la civilisation"*, mai 1992.

reux choisissent inconsciemment un nouveau conjoint qui a justement les mêmes défauts que ceux qui lui ont fait quitter le premier. Tous les amis, tous les proches savent que cela va mal finir, que les mêmes causes produiront les mêmes effets ; le sujet seul l'ignore, se remarie, est malheureux, re-divorce etc.

On comprend aisément, dans ce genre de cas que, pour des raisons névrotiques, une telle personne ne peut choisir **que quelqu'un** qui présente des caractéristiques aptes à faire son malheur ; nous nous trouvons là devant une compulsion de répétition.

Le cas de Pierre était différent et plus difficile à comprendre car l'accumulation de malheurs et de malchances professionnelles qui l'accablaient ne pouvait aucunement lui être imputés.

Pierre était un ingénieur de qualité qui travaillait depuis déjà de nombreuses années dans une entreprise où son travail donnait toute satisfaction. Malgré cela son patron le houspillait sans cesse, était incroyablement irascible et injuste à son égard et, de plus, se lamentait constamment, et à tort, de tout devoir faire lui-même puisque son collaborateur était un incapable.

Le patron de cette entreprise était de surcroît un homme peu compétent qui, tout en rejetant régulièrement le poids de ses propres erreurs sur Pierre, était bien incapable de gérer correctement lui-même sa société. À la longue, et en dépit des efforts et de l'habileté de mon patient, qui faisait tout ce qu'il pouvait pour sauver la compagnie, ce qui devait arriver arriva : l'entreprise périclita peu à peu et dut finalement déposer son bilan.

Grâce à de bons amis qui connaissaient sa valeur professionnelle, Pierre put trouver un autre travail dans un délai raisonnable. Ce nouvel emploi était même supérieur à l'ancien, car il était plus rémunérateur, le poste qu'y occupait Pierre était plus intéressant et l'entreprise était florissante. Mais la "malchance" voulait que ce patron-là avait non seulement sans cesse des reproches à adresser à son subordonné, mais qu'en même temps il lui demandait une somme de travail de beaucoup supérieure à celle habituellement exigée, ce que Pierre acceptait cependant sans se plaindre. Une telle situation était pénible et bien des ingénieurs l'auraient refusée. Pierre ne regimbait pas, la trouvait même normale après tout. Ou, plus précisément, il savait très bien qu'on lui en demandait beaucoup plus que ce qui est habituel, mais une nécessité interne - on aura reconnu le masochiste - le contraignait à trouver acceptable ce qu'il savait, dans la partie rationnelle de son psychisme, ne l'être en rien.

Après quelques années de cet état de choses, ce patron fut appelé à d'autres fonctions, et Pierre pensa que sa vie allait devenir plus agréable. Le nouveau directeur, de l'avis de tous, était calme et affable, compétent et facile à vivre. Pendant quelques semaines Pierre put s'épanouir car, tout en travaillant toujours autant, il avait désormais de bonnes relations avec son patron.

Cependant l'humeur de son supérieur envers lui se mit à changer peu à peu et il devint exagérément exigeant vis-à-vis de Pierre : le même scénario se reproduisait. Pierre, naturellement et quoiqu'on fut dans une période de plein emploi, ne démissionna pas et continua à faire convenablement son travail, ce qui était d'ailleurs reconnu par le P.D.G. de la société qui était lui-même le supérieur hiérarchique du patron de Pierre. Et les choses continuèrent ainsi pendant plusieurs années, Pierre acceptant sans se plaindre le fait d'être sans cesse rabroué par son patron, lequel se gardait bien, toutefois, de se priver d'un élément d'une telle valeur.

À un moment de ce parcours cependant, Pierre vint me voir ainsi que l'avait exigé sa femme, qui commençait à se demander si son mari était poursuivi par le destin ou si quelque chose en lui attirait la foudre.

En effet, si dans le cas de multiples mariages ratés que j'ai évoqué plus haut, c'est la personne elle-même qui choisit à plusieurs reprises le conjoint avec lequel il lui sera impossible d'être heureuse, ce n'était pas Pierre qui avait choisi ses directeurs.

Pour son premier poste, jeune ingénieur frais émoulu de son école, il avait pris ce qui s'était présenté et on pourrait là, éventuellement, penser qu'il avait "mal choisi". Mais la fois suivante, c'étaient ses amis qui avaient choisi pour lui ce deuxième travail et ils avaient toutes raisons de penser que Pierre se trouverait bien dans ce nouveau poste. Ils furent extrêmement étonnés, me dit Pierre, lorsqu'ils durent constater que, malgré tous les efforts, la compétence et l'inépuisable bonne volonté que montrait leur protégé, ce patron aussi semblait constamment mécontent de lui sans pourtant rien trouver de tangible à lui reprocher. Ils pensèrent que ce n'était vraiment pas de chance et admirent qu'ils avaient dû se tromper lorsqu'ils avaient cru bien choisir.

Pour ce qui regardait son troisième supérieur, non seulement un patron avait succédé à un autre sans qu'il y fût pour quoi que ce soit, mais encore celui-ci était connu pour être un homme particulièrement affable et agréable à vivre. Aussi Pierre et son épouse finissaient-ils par se croire maudits.

Tout comme le pensa Freud, il me sembla en un premier temps impossible de dire que Pierre avait un problème de masochisme au niveau professionnel, puisqu'il n'avait pas choisi ses supérieurs, mais que des amis ou le hasard seuls lui avaient imposé cette situation : on ne pouvait donc pas, dans son cas, invoquer la compulsion de répétition.

Fallait-il donc alors croire au destin, à la malchance, et conclure que je me trouvais devant une névrose de destinée ?

Mais admettre une fatalité, une destinée, cela est bien difficile pour quelqu'un qui adhère au déterminisme psychanalytique et qui se veut rationnel.[40]

C'est à l'occasion de cette cure que je commençai à me demander si ces différents patrons, que personne n'avait jamais accusés ni même soupçonnés d'être des sadiques, ne le devenaient pas sous l'influence de Pierre ; une phrase de Freud m'indiquait le chemin : ..."*Bienfaiteurs que tous leurs protégés, si différents soient-ils, abandonnent après quelques temps avec rancune*"... ; dans cette phrase, l'incidente "*si différents soient-ils*", m'apparaissait tout à coup comme essentielle car elle déplaçait l'intérêt du lecteur : jusque-là posé sur les secourus, il était désormais centré sur le bienfaiteur. En effet, aussi différents

---

[40] Voir, à ce sujet : Gabrielle Rubin, "Croyance et réalisation hallucinatoire du désir", in "*Croyances*", n°LXI, R.F.P. 3/1997.

soient-ils entre eux et quel que soient leur caractère, leurs problèmes et la façon dont ils ont été aidés, les secourus finissent **toujours** par en vouloir à celui qui les a aidés au lieu de lui être reconnaissants. Sur ce point, tous les secourus sont semblables, ils sont interchangeables. Un seul des éléments de ce groupe reste lui-même : le bienfaiteur.

Il me fallait donc conclure que c'est lui, l'abandonné, le maltraité, le sadisé qui est l'élément indispensable dans un tel cas et qu'en réalité c'est lui qui est le moteur, **l'élément actif** du groupe.

Je reprends ici l'histoire de Pierre : les raisons de sa demande d'aide analytique que j'ai rapportées plus haut, à savoir le constant sadisme de ses supérieurs à son égard (ce que, naturellement, il ne nomma pas ainsi) me furent exposées par Pierre lors de notre premier entretien ; je pensai dès l'abord à un problème de masochisme, d'autant plus que l'aspect physique de mon patient - les épaules rentrées, comme attendant un coup du sort, la voix douce et un peu hésitante – ne le contredisait pas, tout comme le fait que c'était son épouse qui avait décidé qu'il demanderait une aide psychanalytique.

En un premier temps, toutefois, le rapport qu'il me fit de son parcours professionnel me fit écarter cette idée puisqu'il semblait impossible de trouver une trace de compulsion de répétition dans son récit.

C'est au cours des séances suivantes que je vis peu à peu s'imposer à moi le masochisme de Pierre. Prise dans une contradiction : d'une part le masochisme évident de mon patient dans sa vie affective et de l'autre l'absence de possibilité de choix dans sa vie professionnelle, j'en vins à me demander si le seul moyen de m'expliquer le cas de Pierre était vraiment de faire appel à la névrose de destinée.

Résumé partiel de l'anamnèse de Pierre :
La famille nucléaire de mon patient ne comportait qu'un seul enfant, lui-même ; mais ce n'étaient pas ses parents qui étaient les dominants dans le groupe familial car, vivaient avec eux sa grand-mère

et sa tante maternelles, deux redoutables vieilles dames qui régentaient tout dans la maison.

La mère de Pierre était une femme plutôt effacée dont la part dans le masochisme de son fils provenait essentiellement du fait qu'elle aurait passionnément désiré avoir une fille. Son fils ne pouvait avoir aucun doute à ce sujet puisque sa mère ne se privait pas de proclamer, à haute voix et devant lui, son regret qu'il fût un garçon. Ne pouvant changer le sexe de son fils elle se contentait, si on peut dire, d'habiller le plus possible Pierre en fille, ce qui lui valait force quolibets de la part de ses camarades d'école ; elle n'allait pas jusqu'à lui mettre des jupes, mais elle lui achetait des souliers féminins plutôt que les grosses chaussures qui auraient convenu à un jeune garçon et elle lui faisait porter des manteaux de fille, achetés d'occasion au marché. Or, - Pierre me le rappela plusieurs fois - les vêtements féminins se boutonnent à l'inverse de ceux des hommes.

Le père de mon patient était un républicain espagnol qui avait traversé les Pyrénées, comme tant d'autres combattants de la guerre d'Espagne, au moment où la victoire de Franco avait été reconnue comme étant certaine. Comme bien d'autres aussi, il s'était engagé dans la Légion étrangère pour continuer à se battre pour ses idées, mais la défaite de la France et l'armistice l'avaient rendu à la vie civile. Il avait cependant un gros avantage sur ses compatriotes puisque, étant de mère française, il parlait notre langue sans accent ce qui lui permit de se fondre dans la population. Il était naturellement désargenté mais comme il était plein de courage et de capacités, il réussit à se procurer de faux papiers d'identité, puis un travail grâce auquel il put attendre en sécurité la fin de la guerre.

C'est peu avant la fin de celle-ci qu'il avait rencontré celle qui allait devenir sa femme, Pierre ignorait en quelles circonstances. Sa mère n'était déjà plus jeune au moment du mariage, me dit-il, et d'ailleurs son père non plus. Ils durent cependant attendre que la guerre soit finie pour se marier, car aucun des deux ne voulait se présenter devant un officier d'état civil alors que le marié avait une fausse identité.

Le père obtint facilement la nationalité française et fut engagé en qualité de sous-directeur dans une petite entreprise où on l'avait embauché surtout pour ses capacités de meneur d'hommes. Les parents de Pierre vinrent s'installer dans le village où était l'entreprise mais, peu après leur emménagement, la mère exigea - Pierre pensait que c'était sur l'ordre de sa propre mère - que celle-ci vînt vivre avec eux et elle obtint aussi ensuite que sa tante les rejoignît.

Il est bien difficile de comprendre comment un homme qui avait montré un grand courage et qui savait se faire respecter dans son travail acceptait de se faire sadiser par sa belle-mère et la sœur de celle-ci, relayées par sa propre épouse. Or il était carrément leur esclave à toutes les trois, qui n'arrêtaient pas de l'obliger à satisfaire tous leurs caprices ; par exemple, me rapporta Pierre, elles n'hésitaient pas à envoyer "la petite bonne" (ainsi disait-on en ce temps-là) le chercher à son travail et, quelle que fût l'importance de sa tâche à ce moment-là, il devait tout abandonner pour venir à leur aide.

Pierre se souvenait des terribles reproches dont les trois femmes avaient accablé son père un jour où, ayant un important client dans son bureau, il avait osé revenir à la maison avec une demi-heure de retard alors qu'on l'avait requis pour déboucher un évier.

Un tel père, tendrement aimé par mon patient, n'était cependant pas un modèle d'identification vraiment souhaitable pour un garçon puisqu'il était, à l'évidence, un modèle de masochisme.

S'ajoutant à tout cela, qui était déjà difficile à porter, une autre source du masochisme de Pierre était le sentiment de culpabilité - conscient et inconscient - qui l'habitait en permanence et dont le responsable était le curé de sa petite ville. C'était un religieux à l'ancienne mode, qui menaçait des flammes de l'enfer celui qui se serait permis la moindre rébellion, le moindre péché, et surtout le "péché de chair". Cette dernière menace terrifiait mon patient quand il était enfant et il continuait à la prendre très au sérieux depuis qu'il était adulte. Quoique il fût un fervent catholique, il en arrivait à négliger tout ce qui se rapportait à la bonté, à l'indulgence, à la capacité de pardon de Dieu et se voyait constamment voué à la géhenne pour l'éternité.

Avec de pareils antécédents (et par souci de discrétion je n'en rapporte que quelques anecdotes) le masochisme de mon patient n'avait rien d'étonnant, pas plus que le fait qu'il eût épousé une femme terriblement tracassière. Celle-ci ne lui laissait prendre aucune initiative et ses reproches incessants nourrissaient fort bien le masochisme de Pierre, dont l'infinie patience faisait l'admiration de leurs rares amis, qui n'étaient pas loin de le parer de l'auréole du saint.

Mon patient avait trois enfants, qui étaient déjà des adultes lorsqu'il vint me voir, et auxquels il s'échinait à faire plaisir sans naturellement jamais en recevoir de remerciements. (Cf. Freud : *"Bienfaiteurs que tous leurs protégés, si différents soient-ils, abandonnent après quelques temps avec rancune"*.)

Ainsi que je l'ai indiqué, on était en droit de penser que Pierre avait inconsciemment choisi une compagne qui répondait à son masochisme, qu'il avait élevé ses enfants dans l'idée que lui-même ne comptait pas et que sa vie était uniquement destinée à faciliter la leur. Mais il n'en était nullement de même en ce qui regardait sa vie professionnelle où il fallait bien reconnaître que, tout masochiste qu'il fût, ce n'était pas lui qui avait choisi ses patrons.

C'est le souvenir d'une lecture qui m'apporta un début de réponse ; il s'agit du roman qu'a inspiré sa propre enfance à Rudyard Kipling et dont le nom est "Stalky et Cie". Il y raconte l'anecdote suivante : aux Indes, lorsqu'on désire tuer un tigre sans effort et à coup sûr, on plante un piquet dans son territoire et on y attache une chèvre. Celle-ci commence par brouter tranquillement tout autour d'elle puis, ayant épuisé toute l'herbe que lui permet la longueur de la corde qui l'attache et sentant la nuit venir, la malheureuse bête se met à bêler de plus en plus fort et de plus en plus lamentablement.

Ses cris de terreur ne font qu'alerter le tigre, exciter sa faim et lui indiquer où se trouve l'objet de sa convoitise. Les chasseurs, embusqués au bon endroit, n'ont plus qu'à tirer au moment où il est occupé à dévorer sa proie.

Se pouvait-il alors que ce fut le masochisme de Pierre qui avait incité ses divers patrons à devenir sadiques, tout comme c'étaient les bêlements misérables de la chèvre qui avaient réveillé l'appétit du tigre ?

Ce fut désormais par rapport à cette nouvelle ligne de pensée que je donnai mes interprétations à Pierre. Je lui avais jusque-là montré la part que son masochisme avait prise dans ses choix familiaux et, malgré les résistances du début, il avait fini par reconnaître et intérioriser l'idée qu'il était pour quelque chose dans la vie peu satisfaisante qui était la sienne.

Il fut plus difficile pour lui de renoncer à la satisfaction narcissique et omnipotente que lui apportait la pensée d'être un excellent mari et le meilleur des pères. Il admit cependant que ces satisfactions ne compensaient pas vraiment les souffrances que lui infligeaient les continuels reproches de son épouse et le manque d'affection de ses enfants.

Le fait que cette première étape ait été partiellement franchie - sur le plan de la compréhension consciente, car le changement d'attitude fut bien plus difficile à mettre en place et si Pierre devint infiniment moins masochiste, il ne cessa jamais de l'être totalement - il me fut beaucoup moins difficile que je ne le pensais de montrer à Pierre que, s'il n'avait nullement choisi ses patrons, son attitude masochiste n'était cependant pas sans effet sur le réveil de leur sadisme.

Ses souvenirs d'école lui revinrent à la mémoire et l'aidèrent à internaliser cette façon de voir : les vêtements raffinés et parfois même efféminés que lui faisait porter sa mère, si différents de ceux de ses compagnons, étaient sûrement pour beaucoup dans les brimades et moqueries dont il avait souffert. Mais il accepta l'idée que son attitude de soumission et son incapacité à se révolter y avaient eu leur part aussi. Il me raconta en effet qu'une fois - une seule - il avait fait front parce que les moqueries concernaient sa famille. Plus petit et moins musclé que les autres, il était sorti de la bagarre tout écorché et avec un œil au beurre noir (qu'il expliqua chez lui par une chute dans l'escalier) mais il se souvenait qu'après cela les persécutions avaient diminué pour un temps.

Ces prises de conscience produisirent une diminution importante du masochisme de Pierre et, pour la part qui restait irréductible, il sut trouver des aménagements.

Le problème que lui posait le mauvais caractère de sa femme fut le premier à être résolu : Pierre tomba amoureux d'une autre (d'après son récit, elle aussi était plutôt autoritaire mais beaucoup plus tendre et affectueuse que son ex-épouse), il divorça et alla vivre avec cette nouvelle compagne. La procédure de divorce fut assez longue parce que sa femme, se trouvant injustement lésée et rejetant sur Pierre tout ce qui avait fait échouer leur mariage, exigeait presque tout l'actif du ménage. Pierre n'était pas devenu de taille à résister aux demandes injustifiées de sa femme lors du partage des biens mais, au lieu de céder, comme il savait qu'il finirait par le faire, il trouva un aménagement : lors de leurs rencontres en vue du divorce, il ne débattit jamais des modalités du partage avec elle mais laissa ce soin à son avocat.

En ce qui concerne son travail, la chance lui offrit un "coup de pouce" : sa société fusionna avec une autre et Pierre, qui ne pouvait intégrer la nouvelle compagnie, reçut un important dédommagement. Il était connu comme un homme sérieux et compétent dans sa branche aussi, lorsqu'il eut racheté une petite entreprise indépendante, il n'eut pas de mal à la faire prospérer et il n'eut plus, ainsi, à subir les mauvais traitements d'un patron. Avait-il assez changé et ne serait-il pas retombé dans son masochisme précédent s'il avait dû à nouveau affronter un supérieur ? Nous ne le savions ni l'un ni l'autre, mais Pierre avait pu trouver une solution pour se sentir à l'aise dans son travail.

Le sadomasochisme collectif

J'ai montré, en relatant l'analyse du cas de Pierre, que pour former un couple sadomasochiste il n'est pas nécessaire que le masochiste agisse - c'est-à-dire qu'il obéisse à une compulsion de répétition -, mais qu'il lui suffit **d'être masochiste sans en avoir conscience** pour réveiller le sadisme de son partenaire.

Je vais montrer maintenant qu'il n'est même pas besoin qu'une personne soit réellement masochiste pour enclencher ce mécanisme, le fait qu'elle soit dans **une position masochiste** suffit.

Pour que cela soit plus clairement perceptible, je prendrai mes exemples dans un cas extrême. En effet, notre acuité visuelle est comme anesthésiée par le banal du quotidien et ne nous permet souvent plus de voir ce qui est sous nos yeux. Il est utile, pour y échapper, de changer d'échelle : soit s'intéresser aux tout petits faits (ainsi Freud découvrit-il l'immense continent de l'inconscient en s'intéressant à ce qui paraissait à l'époque être des broutilles sans intérêt, comme les rêves, les lapsus et actes manqués) considérer des faits d'une écrasante énormité, qui se présentent à nous comme vus à travers une loupe.

Je prendrai donc ici pour exemple une partie de ce qu'a vécu une jeune fille dans un des camps de concentration du IIIème Reich.

En effet, en même temps que se poursuivait la psychothérapie de Pierre, un autre thème de réflexion, que je crus en un premier temps fort éloigné du premier, m'occupait l'esprit : j'essayais de comprendre par quelle *"défaite de la culture"* nous, êtres humains qui nous étions crus civilisés, avions pu inventer, ou au moins accepter, les camps de concentration, les goulags, les génocides. Une question restait constamment présente à mon esprit : ces hommes qui avaient affamé, torturé et mis à mort des millions d'innocents - ou qui y avaient seulement pris une part plus ou moins grande - étaient-ils vraiment **nos semblables** ou pouvions-nous les considérer comme différents du reste de l'humanité ?

Notre désir est grand de penser qu'ils ne sont pas tout à fait nos semblables, qu'en eux quelque chose en fait des monstres, des êtres sans pitié, qu'on ne peut que retrancher de l'humanité courante dont nous-mêmes faisons partie.

Cette façon de voir nous rassurerait beaucoup, si nous n'avions conscience d'une part qu'elle est fausse et de l'autre qu'elle ne peut mener qu'à une nouvelle sorte de racisme : accepter l'idée que certains hommes forment une race à part serait justement entrer dans l'idéologie qui a mené à toutes les exclusions et à tous les camps de la mort.

Mais alors surgit une autre difficulté : si nous sommes absolument de la même espèce, où donc se situe la différence entre ceux qui furent, qui sont ou qui seront des bourreaux ou des indifférents et ceux qui sont de paisibles citoyens, respectueux des lois et soucieux du bien d'autrui ?

Le souvenir de la chèvre de Kipling et la "névrose de destinée" de Pierre m'ont alors permis de comprendre que les deux courants de pensée qui m'occupaient l'esprit n'étaient nullement étrangers l'un à l'autre et qu'il n'y avait pas de solution de continuité entre le sadisme de ceux qui torturent des malheureux sans défense et la prétendue "névrose de destinée" qui écrase ceux qui ont le malheur de se trouver dans une position masochiste.

Il y a, en effet, un lien étroit entre d'un côté le sadisme de ces personnes, forcément très nombreuses, qui participent volontairement - ou du moins ne s'opposent pas - aux guerres, aux génocides, au terrorisme, et à toute cette violence qui accable constamment des peuples ou des groupes sans défense, et de l'autre la compulsion de répétition ou la "névrose de destinée" qui persécutent les masochistes.

Autrement dit, à côté d'êtres qui sont vraiment sadiques et qui ne représentent au pire que quelques pour cent d'une population, il y a la masse de ceux qui ne le sont habituellement pas mais qui sont susceptibles de le devenir pour peu que la situation les y pousse.

La pulsion sadique en effet, pour réprimée qu'elle soit, est toujours présente au cœur du Ça de chacun d'entre nous et elle est toujours prête à se manifester dès que, par manque de vigilance ou de caractère, on lui en donne l'occasion.

Je pense donc que la différence entre ces sadiques occasionnels et nous-mêmes, qui sommes certains de ne pas l'être, n'est pas innée ; elle se trouve dans un choix délibéré et conscient que chacun doit faire de ne jamais céder à la pulsion sadique qui sommeille en nous.

Cette façon de voir me permet de proposer une explication au fait que tout un peuple (je parle là de l'horreur nazie, mais il y en a bien d'autres) hautement civilisé, qui compte en son sein un grand nombre des plus importants écrivains, penseurs et artistes a brusquement pu basculer dans l'abominable.

Tous ne furent pas nazis et certains les combattirent, mais pas en nombre suffisant pour empêcher leurs crimes.

Mon hypothèse se présente ainsi : en un premier temps, un petit nombre de sadiques avérés - comme il en existe dans tout groupe humain - profita de circonstances particulières pour obliger telle ou telle minorité à adopter une position masochiste ; cette violence, tempérée au début, n'apparut alors pas comme inacceptable et fut acceptée.

Il fut dès lors facile pour les sadiques de faire admettre par un grand nombre de leurs concitoyens les atrocités qui devaient suivre inévitablement. Ils ne risquaient plus en effet de voir une opposition substantielle les contrer puisque la pulsion sadique du plus grand nombre était désormais activée. Sans être, au départ, ni plus ni moins sadiques que les autres hommes, les individus du groupe dominant participèrent néanmoins à la destruction de ceux de leurs concitoyens qui avaient été placés de force dans une position masochiste ; cela se fit de façon active pour les uns et passivement pour les autres.

Il est en effet bien évident que les déportés, par exemple, n'étaient pas masochistes ; mais la **situation** dans laquelle ils se trouvaient l'était et suffisait à déclencher le sadisme de leurs gardiens, qui n'étaient parfois là que par hasard et qui, dans les premiers jours, étaient même parfois compatissants.

Tzvetan Todorov écrit dans son ouvrage "Face à l'extrême" : *"Les personnes qui, dans les camps, jouissent de leur pouvoir sur les autres en leur infligeant des souffrances n'ont aucune caractéristique distinctive. Plusieurs détenus ont même remarqué qu'elles ignoraient au début ces pratiques mais les acquéraient avec une rapidité surprenante."*[41]

Il cite alors, à l'appui de sa remarque, plusieurs extraits de livres de déportés ; entre autres témoignages, l'ethnologue Germaine Tillion, qui est une des rescapées de Ravensbrück écrit : *"C'était pour certaines d'entre nous un petit jeu assez amer de chronométrer le temps que mettait une nouvelle 'aufseherin' avant d'atteindre ses chevrons de brutalité."*

Il mentionne ensuite le cas d'une *"jeune fille qui dit à tout le monde pardon le jour de son arrivée à Ravensbrück et commence à prendre plaisir à la soumission des autres au bout de quatre jours seulement"*. Il rapporte aussi ce que raconte Hermann Langbein, survivant et historien des camps de la mort, qui écrit : *"Une autre, qui pleure au début de son travail comme surveillante à Birkenau devient exactement comme ses collègues en quelques jours."*

On voit là, de façon évidente, que la situation de dominé sans aucun moyen de défense, ce qui est une **position** masochiste (et non le fait **d'être** masochiste), incite l'autre à laisser se manifester, voire s'épanouir, sa pulsion sadique d'emprise.

Je pense aussi pouvoir mettre au crédit de ma théorie le fait que les très rares qui sont revenus des camps - même si ce n'est évidemment pas la seule raison - furent ceux qui refusèrent de se sentir broyés par la puissance nazie, de se sentir dominés par l'écrasante disproportion des forces en présence, et **de s'accepter comme victimes**, c'est-à-dire ceux qui refusèrent d'accepter la position masochiste qui leur était imposée.

Ce que je vais rapporter plus loin - l'histoire de Martine Meer - est l'opposé complémentaire de ce que dit Bruno Bettelheim de ceux qu'il appelle "les musulmans", en référence à la soumission au

---

[41] Tzvetan Todorov, *"Face à l'extrême"*, Seuil 1991.

destin et à la volonté de Dieu qui se traduit par un "mektoub" fataliste.

Cet auteur a été lui-même interné dans un camp concentration nazi au début de leur création. Pour terribles qu'ils fussent, ce n'étaient pas encore des camps d'extermination et il put s'échapper de cette nasse et arriver aux États-Unis, où cette expérience et sa connaissance de la psychanalyse lui suggérèrent la théorie par laquelle il rapprocha les enfants autistes des "musulmans". Il créa donc un centre de soins pour enfants autistes où il utilisa cette façon de voir et il inventa alors le terme de "situation extrême" pour désigner l'état des déportés et celui des autistes, ces deux catégories d'êtres humains soumis à l'impensable et à l'intolérable.

Il avait cependant noté, durant son propre enfermement, que malgré cette situation extrême, quelques rares déportés n'avaient pas péri car, si les conditions inhumaines auxquelles ils étaient soumis étaient à peu près semblables pour tous, tous n'avaient pas réagi de la même façon.

Ce qui retint surtout son attention, ce furent ces déportés que les autres détenus appelaient les "musulmans" et dont certains se suicidèrent ou devinrent anorexiques, ou chez lesquels apparut une catatonie, *"par laquelle ils répondaient à toute demande des gardiens S.S. comme s'ils n'avaient pas de volonté propre ou n'avaient plus le contrôle de leur corps, et une rigidité complète"*.[42]

Les autres prisonniers préféraient éviter les "musulmans" comme par peur de la contagion. *"On sous-entendait par ce terme qu'ils s'étaient résignés à mourir puisque c'était la volonté des S.S. (ou d'Allah)."* Et il précise plus loin : *"Le 'musulman' qui se laissait dominer par le S.S., non seulement physiquement mais affectivement, se mettait à intérioriser l'attitude des S.S. qui considéraient qu'il était moins qu'un homme, qu'il ne devait pas agir par lui-même, qu'il n'avait pas de volonté personnelle."*

Bettelheim repère bien la différence essentielle qu'il y a entre ceux qui s'acceptent comme victimes et ceux qui s'y refusent. Après avoir défini les "musulmans", il décrit les résistants : *"Ceux qui ne doutèrent jamais de pouvoir agir de leur propre chef et qui agirent vraiment*

---

[42] Bruno Bettelheim, *"La forteresse vide"*, N.R.F. Gallimard 1971.

restèrent indemnes, en gros, de signes pathologiques graves, bien que, pour eux, les dangers réels fussent les mêmes. L'importance du bénéfice retiré, pour soi-même ou pour les autres, était accessoire, que ce fût une bouchée supplémentaire de nourriture, une feuille de papier pour mieux protéger le corps contre le froid, une corvée évitée ou achevée sans dommage. Cela importait peu, du moment qu'on avait l'impression, justifiée, qu'en agissant ainsi on avait amélioré, même un tout petit peu, sa condition."

"Ceux qui succombèrent furent ceux qui avaient le sentiment, non seulement d'être impuissants face à la situation, mais aussi d'être soumis à un sort auquel ils ne pouvaient pas échapper."

[Il faut ici se souvenir du fait que cet auteur n'avait pas été confronté aux camps de la mort mais "seulement" à un camp de déportation qui, malgré les sévices infligés aux prisonniers, était quand même moins sévère que ceux qui lui succédèrent ; les observations de Bettelheim restent cependant valables à la terrible exception près que personne, dans les camps de la mort, ne put rester indemne de signes pathologiques graves.]

Il est intéressant de voir que Primo Levi dit des choses très semblables sur ce sujet : *"Mais les 'Musulmans',* [43] *ces hommes en voie de désintégration, ceux-là ne valent même pas la peine qu'on leur adresse la parole, puisqu'on sait d'avance qu'ils commenceront à se plaindre et à parler de ce qu'ils mangeaient quand ils étaient chez eux. Inutile, à plus forte raison, de s'en faire des amis... on sait qu'ils sont là de passage, et que d'ici quelques semaines il ne restera d'eux qu'une poignée de cendres dans un des champs voisins et un numéro matricule coché dans un registre. Bien qu'ils soient ballottés et confondus sans répit dans l'immense foule de leurs semblables, ils souffrent et avancent dans une solitude intérieure absolue, et c'est encore en solitaires qu'ils meurent ou disparaissent, sans laisser de trace dans la mémoire de personne."*[44]

Cette description d'un groupe humain est presque insoutenable tant elle est tragique ; c'est pourtant la description du masochiste si

---

[43] Il semble que la même désignation soit spontanément venue à l'esprit de tous les déportés.
[44] Primo Levi, *"Si c'est un homme"*, Trad. française : Julliard 1987.

on le pousse à la dernière extrémité, s'il devient un "masochiste absolu".

Martine

Il existait donc, dans ces situations extrêmes, une partie des êtres qui se résignaient au pire et qui même accueillaient le sort qui leur était fait. La plupart de déportés, cependant, essayaient - chacun avec les forces dont il disposait - de rendre le plus acceptable possible l'inacceptable.

Quelques-uns, enfin, refusèrent le rôle de victime qu'on voulait leur imposer et arrivèrent - parfois - à survivre.

Je rapporterai ici le récit qu'a fait Martine Meer pour la Fondation Spielberg (cette fondation s'est donnée pour tâche de recueillir et de filmer le plus possible de témoignages auprès des survivants des camps de la mort) ; comme Martine Meer est une amie très proche, elle a bien voulu compléter le récit que lui demandait la Fondation Spielberg, c'est-à-dire **celui des faits,** par le récit du vécu affectif de son temps de déportation :

Martine Meer avait dix-sept ans lorsqu'une dénonciation l'envoya, ainsi que ses parents, vers les chambres à gaz d'où son père et sa mère ne revinrent pas.

Dès les premiers décrets raciaux il y avait eu, dans la famille Meer, une volonté de résistance, un refus d'obéir et d'accepter ces décisions injustes et scandaleuses. Aussi, alors qu'il s'était toujours jusque-là conformé à la loi, le père de Martine avait tout de suite compris qu'il n'y avait plus de raisons de respecter les décisions d'un gouvernement qui n'était lui-même plus respectable en rien. Et c'est ainsi que personne, chez les Meer, n'obéit à l'ordre d'aller s'inscrire sur les listes qui séparaient les Juifs français des Français non-juifs et que personne, chez eux, ne porta jamais l'étoile jaune.

Tandis que le frère de Martine avait été expédié à Marseille avec de faux papiers pour tâcher d'y poursuivre ses études, le reste de la famille était partie s'installer à Nice, zone dite "libre". Martine, quant à elle, avait décidé que occupation ou pas, antisémitisme ou pas, elle continuerait sa vie de jeune fille exactement comme si Hitler n'existait pas.

Il existait malheureusement très fort pour d'autres et la famille fut dénoncée, arrêtée et enfermée dans l'hôtel Excelsior de Nice où furent regroupés tous ceux qui allaient être déportés.

Transportée avec eux au centre de tri de Drancy, elle fut affectée aux soins à apporter aux enfants et, pendant deux mois, elle-même et ses compagnes essayèrent de rendre la moins étrange et la moins inhumaine possible la situation dans laquelle elles se débattaient. Ainsi, me rapporta-t-elle, une femme ayant accouché pendant ce temps-là, elles firent des prodiges pour préparer un joli petit berceau pour le nouveau-né.

Cela aussi était une façon de résister à l'horreur, une façon de proclamer silencieusement que, quelles que fussent les circonstances, des êtres libres à l'intérieur d'eux-mêmes ne seraient jamais des victimes soumises qui accepteraient passivement la volonté de leur bourreau.

Malheureusement, le jour du départ arriva et Martine, comme beaucoup de ses semblables, prit le chemin de Birkenau. Je ne rapporterai pas ce que fut l'horrible voyage et l'abomination des camps de concentration et d'extermination, de nombreux livres et documentaires l'ont relaté. Ce que je veux essayer de montrer ici, ce sont les sentiments de révolte active qui, malgré les circonstances, occupèrent cette très jeune fille durant toute cette période.

Ce fut dès son arrivée au camp que Martine comprit la terrible réalité et qu'elle sut ce qui l'attendait ; en effet, sur les spectres décharnés qui l'appelèrent par son nom et qu'elle ne reconnut pas en un premier temps, elle put constater les ravages que quelques semaines avaient suffi à produire sur ses compagnes, parties deux mois plus tôt par le convoi précédent.

Dans son récit, Martine me dit qu'elle avait échappé à la mort par une succession de chances inespérées, et donc par hasard. Je ne pense pas qu'il en soit ainsi, et si on analyse avec soin l'enchaînement des circonstances, on peut voir que, si la chance y tient une place, elle n'y suffit pas.

Le premier des hasards bénéfiques invoqués par Martine est le suivant : après qu'on eut dépouillé les nouvelles arrivantes de tous leurs pauvres biens, des vêtements et des rares bijoux qui étaient encore en leur possession, on les avait tondues, tatouées et revêtues de la tenue du camp.

Il s'agissait là d'une première et profonde torture morale. *"Nous n'avions plus d'identité"*, dit Martine, *"notre nom effacé, nous devenions des numéros, marqués comme on le ferait pour des animaux et nous n'étions plus considérés par les nazis comme des êtres humains."* Le vrai problème cependant, celui que se situait au plus profond du psychisme, ce n'était pas d'être considéré comme une sous-humanité par les nazis, le danger était que les déportés, brisés par tant de souffrances et d'outrages, finissent par se déshumaniser d'eux-mêmes, ce qui était un des buts poursuivis par le sadisme des bourreaux.

Comme pour tous les bourreaux, la jouissance suprême n'était pas seulement de faire souffrir leurs victimes en les torturant, la jouissance suprême était de les forcer à s'auto-détruire et à se reconnaître comme étant d'une race inférieure à la leur.

Après cette première humiliation, les déportés furent conduits vers un lieu où on sépara le "bétail humain" en deux groupes : les hommes d'un côté, les femmes de l'autre ; le père de Martine fut emmené avec les autres hommes et elle ne devait plus jamais le revoir.

La foule des femmes fut, elle aussi, séparée en deux parties : celles qui devaient être transportées en camions vers leur lieu de résidence et celles qui devaient le rejoindre à pied. *"C'est par hasard, par intuition"*, dit Martine, *"que j'ai changé de file et que, malgré ma fatigue, au lieu de monter dans un camion je suis allée me mêler à la file de celles qui devaient partir à pied. Je ne sais pas pourquoi j'ai agi ainsi, mais celles qui étaient montées dans les camions ont aussitôt disparu dans les fours, alors qu'on nous a mises au travail."*

"C'est le hasard, ou peut-être une intuition, qui m'ont poussée vers ce choix" dit Martine ; je suis d'accord avec l'idée d'"intuition" à condition que ce mot désigne **le travail de pensée de l'inconscient**. À mon sens, en effet, "l'intuition" de Martine était le résultat de sa réflexion : elle avait observé de près le caractère des nazis durant le voyage et en arrivant au camp, et elle en avait conclu qu'ils étaient des sadiques de la pire espèce.

Le travail de sa pensée inconsciente l'avait donc menée à la certitude que rien de bon ne pouvait venir d'eux et à la conclusion que, si des nazis mettaient des camions à la disposition de ceux qu'ils considéraient comme indignes de faire partie de la race supérieure, ce ne pouvait en aucun cas être dans le but de soulager la peine des plus faibles et des plus fatigués et donc qu'il ne pouvait s'agir que d'un piège.

Travail de l'inconscient, plus rapide que la pensée consciente la plus rapide, et bien souvent plus clairvoyant que le bon sens et le raisonnement.

Mise au travail dans des conditions d'une dureté impitoyable, dénutrie, sans vêtements chauds pour espérer résister aux hivers glaciaux de Birkenau, Martine continua à refuser de céder, refusa de se laisser déshumaniser. Ce qu'elle choisit comme moyen pour s'affirmer comme un être humain à part entière et non comme une victime qui acceptait la loi du plus fort, ce fut de se laver tous les jours. Évidemment, dépourvue de savon et de serviettes, n'ayant qu'une eau polluée et glacée pour faire ses ablutions, la toilette de Martine ne ressemblait guère à celles à laquelle nous pouvons procéder dans nos confortables salles de bains.

L'important n'était pas là, il était dans le refus d'accepter l'ordre nazi. Certes, Martine ne pouvait pas se croire plus forte que tous les nazis, ni même plus forte qu'un seul nazi, mais, à l'intérieur d'elle-même, elle n'était pas une victime consentante et les kapos n'étaient pas ses maîtres.

Martine dit : *"La seule façon de me respecter et de rester un être humain c'était, dans mon esprit, d'arriver à me laver tous les jours, quels que fussent les difficultés et les dangers qu'il fallait surmonter pour y arriver."*

Primo Levi, dans son livre "Se questo è un uomo", rapporte ainsi les paroles de Steinlauf, un de ses compagnons d'Auschwitz : *"C'est justement, disait-il, parce que le Lager* (nom que les déportés donnaient aux camps)*est une monstrueuse machine à fabriquer des bêtes que nous ne devons pas devenir des bêtes ; puisque même ici il est possible de survivre, nous devons vouloir survivre pour raconter, pour témoigner ; et pour vivre il est important de sauver au moins l'ossature, la charpente, la forme de la civilisation. Nous sommes des esclaves, certes, privés de tout droit, en butte à toutes les humiliations, voués à une mort presque certaine, mais il nous reste encore une ressource et nous devons la défendre avec acharnement parce que c'est la dernière : refuser notre consentement. Aussi est-ce pour nous un devoir envers nous-mêmes que de nous laver le visage sans savon, dans de l'eau sale et de nous essuyer avec notre veste. Un devoir, de cirer nos souliers, non certes parce que c'est écrit dans le règlement, mais par dignité et par correction. Un devoir enfin de nous tenir droits et de ne pas traîner nos sabots, non pas pour rendre hommage à la discipline prussienne, mais pour rester vivants, pour ne pas commencer à mourir."*[45]

Martine parvint donc à ne pas se déshumaniser dans son esprit mais elle ne put le faire pour son corps. C'est ainsi, par exemple, qu'elle apprit par ses compagnes, alertées par la couleur insolite de sa peau, qu'elle avait une jaunisse ; une autre fois, ayant un bras démesurément enflé par un anthrax, son seul souci était d'arriver à le cacher aux Allemands lors des appels, afin qu'on ne l'envoyât pas à "l'hôpital" où, de toute façon, il n'y avait pas de médicaments et d'où on ne savait jamais si on ne ressortirait pas pour aller tout droit dans la chambre à gaz.

Ceux qui ont souffert d'une de ces maladies, ou qui en ont entendu parler, savent l'intensité de la douleur qui les accompagne ; mais, lorsqu'on était confronté à une telle situation extrême, expli-

---

[45] *Ibid.*

que Martine, il ne fallait pas tenir compte de la souffrance, **c'était comme si on n'avait plus de corps** ; une seule chose était importante : rester en vie pour raconter l'impensable.

Seulement, revenue en France, et comme la grande majorité de ses compagnons, Martine s'aperçut qu'elle ne pouvait pas communiquer ce qu'elle avait vécu ; d'une certaine façon, elle était désormais quand même à part de l'humanité courante.

Une de ses compagnes de déportation avait choisi, comme moyen de résistance, de se réciter un poème chaque jour. Cette jeune femme-là n'est malheureusement pas revenue, car si refuser d'assumer le rôle de victime est une condition **nécessaire** pour survivre dans ces conditions extrêmes, **elle n'est pas suffisante**, et Martine elle-même était à bout lorsque le camp fut libéré ; elle était si malade et dans un tel état d'épuisement qu'elle dut être soignée pendant six mois sur place avant de pouvoir être transportée à Paris.

"Une semaine de plus, peut-être seulement un jour de plus dans cet enfer et je ne serais pas là", me dit-elle. Oui, la chance a joué dans le fait que le camp soit libéré juste à temps pour elle mais je reste persuadée que ce qui lui a permis de survivre jusque-là, alors que tant d'autres sont morts, c'est aussi - pour une part seulement, mais pour une part -, à cause de **son choix** de refuser le rôle que lui avaient attribué, comme à tous les autres - juifs, tziganes, psychotiques et homosexuel - les bourreaux nazis.

Le fait de refuser de s'identifier à une image de victime pour, au contraire, s'identifier à une image de force est, à mon sens, capitale si l'on veut sortir du masochisme. Tout comme il est indispensable de refuser de s'identifier à une image de toute puissance si l'on ne veut pas permettre à sa pulsion sadique de se manifester.

J'en veux pour preuve la constatation qu'il en fut bien ainsi pour le peuple allemand dans sa relation sadique aux victimes : une fois la guerre finie et après qu'on eut levé le voile épais des non-dits et la censure qui recouvraient (mal) les horreurs des camps, le plus grand nombre ne se reconnut pas dans l'image de cruauté qui leur était renvoyée.

Ils ne pouvaient plus se comprendre eux-mêmes et ils essayèrent de réparer le peu qui était encore réparable. Leurs enfants surtout souffrirent et considérèrent l'acceptation de l'hitlérisme et l'indifférence de leurs parents devant le malheur d'autrui comme une honte ineffaçable. Et beaucoup des enfants de nazis avérés eux-mêmes n'ont pas pu supporter ce passé et ont payé de leur santé psychique la faute de leurs parents.

Si l'on observe avec soin le travail inconscient d'identification des Allemands durant ces périodes, on peut comprendre que, lorsque les nazis tenaient le haut du pavé, **la position masochiste** des déportés avait excité la pulsion sadique - jusque-là réprimée - de quantité de personnes qui n'étaient pas profondément sadiques, mais qui n'étaient pas non plus suffisamment fermes dans leur refus du sadisme pour résister à sa poussée : en somme des êtres moyens.

Mais lorsque les camps furent libérés et la guerre perdue par les nazis, les identifications changèrent du tout au tout : ce furent les déportés qui furent identifiés aux vainqueurs et ne purent donc plus être considérés comme des victimes ; cette nouvelle position des déportés ayant annulé la possibilité pour les Allemands de s'identifier aux dominants, ils ne purent même plus comprendre comment eux, qui s'étaient toujours considérés comme de braves gens, avaient pu approuver les nazis.

Je pense que les conclusions à tirer de cette étude sont semblables, avec des aménagements différents, suivant qu'il s'agit de sadomasochisme ordinaire et feutré ou de sadomasochisme collectif et extrême. Il s'agit toujours de refuser le rôle de victime mais, en ce qui concerne le masochisme ordinaire, le travail à faire concerne une seule personne, celle qui souffre, et le but d'un tel travail est de lui permettre d'abandonner son identification à un modèle masochiste interne pour en choisir un meilleur.

. En ce qui concerne le sadomasochisme collectif : massacres, guerres, dictatures, la réponse ne peut être donnée par une seule personne. Nous savons très bien maintenant par les archives de cette époque (et beaucoup le savaient déjà) que, si les gouvernements anglais et français s'étaient vraiment opposés à Hitler, la guerre et les camps de déportation et d'extermination, les millions de morts et les souffrances indicibles n'auraient pas eu lieu.

Des gouvernements capables de refuser le sadisme dictatorial d'Hitler auraient pu servir de modèle d'identification à leurs peuples et les inciter à refuser, tous ensemble, le modèle nazi.

Car l'observation montre un phénomène étonnant, aussi bien en ce qui concerne le sadomasochisme moral privé que le sadomasochisme collectif, c'est l'extrême labilité de ce composé, dont l'ambivalence est telle qu'il suffit finalement de peu de chose (même si ce "peu de chose" nécessite un grand courage) pour réduire le bourreau à néant.

Cela est très visible dans le cas du sadomasochisme privé, ainsi que je le montrerai à l'occasion des cas cliniques, mais cela ne l'est pas moins dans le sadomasochisme collectif.

Il suffit, pour s'en convaincre, de voir avec quelle platitude les bourreaux qu'on était parvenus à traduire en justice renièrent leurs actes sadiques.

Les nazis, par exemple, niaient toute responsabilité : ils n'avaient fait "qu'obéir aux ordres" et les vrais et seuls coupables des horreurs commises étaient à trouver du côté des chefs ; eux étaient des "petits", bien incapables de refuser d'obéir.

Et ils se faisaient en effet tout petits devant ceux qui leur demandaient des comptes, montrant bien par leur attitude que seul leur sadisme avait été en jeu, et que nulle motivation élevée, nul souci idéologique (même venu d'une idéologie ignoble) ne les avaient inspirés.

À contrario, l'attitude des résistants qui conservèrent leur idéal jusqu'à la mort incluse et ne renièrent rien de leurs convictions, ne dénonçant pas leurs camarades même sous la torture, montre bien qu'ils avaient dépassé la pulsion sadomasochiste et que, même en de telles circonstances et au prix d'un danger vital, il est possible de refuser de laisser se développer en soi une telle pulsion.

Mais s'il est toujours temps de faire l'immense effort que requiert la sortie du masochisme dans le couple, il n'en est malheureusement pas de même lorsqu'on est pris dans une **position masochiste, car** c'est alors avant que celle-ci ne s'installe qu'il faut opposer un refus aux sadiques, et l'exemple ne peut en venir que de ceux dont la fonction fait des modèles.

Les dirigeants politiques, intellectuels ou spirituels des démocraties ne furent malheureusement pas capables d'une telle résistance à la tentation masochiste ; ils cédèrent aux sadiques, et ce fut le modèle d'identification proposé par Hitler qui prévalut, offrant à la pulsion sadique de chacun - pulsion toujours prête à jaillir comme c'est son rôle - un chemin tout tracé.

Désormais placés dans une position masochiste, la majeure partie des citoyens des pays occupés se trouvèrent dans l'incapacité psychique de résister à leurs bourreaux jusqu'à ce que le modèle identificatoire de puissance eût changé de camp.

Cette façon de voir rend encore plus important le rôle des instances dirigeantes politiques et culturelles d'un pays. La prise de conscience qu'ils ont une véritable mission en tant que modèles d'identification pour les citoyens les désigne comme primordiaux dans le choix d'un modèle de société.

Un autre exemple du réveil du sadisme par la position masochiste me semble intéressant parce qu'il est un des plus anciens dont nous ayons connaissance. Les Juifs étaient des bergers et un bouc, pour eux, représentait une valeur certaine. Si l'animal s'était égaré dans le désert, ils seraient sans nul doute partis à sa recherche et, sans tenir compte de leur fatigue, ils auraient marché longtemps pour retrouver et ramener au sein du troupeau un bien aussi précieux.

Or, il suffisait que les autorités religieuses jettent l'anathème sur un bouc et le chargent de toutes les fautes, de tous les péchés d'Israël - c'est-à-dire en fassent le prototype même de celui qui est dans une position masochiste - pour que les bergers, qui étaient jusque-là ses protecteurs naturels et qui vivaient en bonne intelligence avec leur bouc, se transforment en parfaits sadiques, chassant la malheureuse bête loin dans le désert et la condamnant ainsi à une mort horrible.

Une autre ressemblance avec le couple sadomasochiste est la suivante : dans un tel couple le sadique refuse absolument de se reconnaître pour tel et il accuse l'autre de toutes les fautes et projette sur lui ses propres erreurs, ce que faisaient aussi les Juifs en accablant le bouc émissaire du poids de tous leurs péchés.

Le masochiste, quant à lui, est trop content d'accueillir en lui toutes ces fautes dont on l'accuse à tort mais qui sont conscientes, puisqu'elles vont lui permettre d'exprimer sa culpabilité d'autres fautes, fantasmatiques et inconscientes, qui le torturent.

CHAPITRE IV

Le sadomasochisme transgénérationnel

Le masochisme primaire, c'est-à-dire celui dont la pulsion de mort est encore agissante dans le sujet lui-même, mais dont la liaison avec la libido permet à la vie de se développer, est spécifique de l'humanité.

Ce masochisme primaire et le sadisme qui lui est consubstantiel se déploieront toutefois d'une façon plus ou moins importante suivant l'environnement de la petite enfance du sujet. L'étude de la transmission transgénérationnelle du sadomasochisme est donc d'une importance capitale pour comprendre comment se forme le masochisme moral de l'adulte, ainsi que son retentissement sur le sadisme du partenaire.

Le sadomasochisme se transmet suivant deux modalités : soit par identification à un parent lui-même sadique ou masochiste, soit par opposition avec lui.

Par sadique, j'entendrai ici non pas un parent qui torture son enfant mais un parent qui est trop dominant, qui exerce une pulsion d'emprise trop forte, qui ne laisse pas à l'enfant assez de place pour s'affirmer ; et par masochiste, je désigne un parent qui est tellement attentif aux besoins et aux désirs de l'enfant qu'il efface complètement les siens propres et se conduit comme s'il ne comptait, pas ce qui est, comme on sait, l'opinion que le masochiste a de lui-même.

En d'autres termes, des parents qui ne sont nullement des monstres, qui se considèrent et sont considérés comme "normaux".

L'enfant d'un parent "masochiste", n'ayant aucun moyen de percevoir des besoins ou des désirs qui lui ont été cachés, qui ont même été niés, pense que sa mère ou son père n'ont ni besoins ni désirs, et qu'il est donc inutile de faire un effort pour les satisfaire.

Ou, plus précisément, il n'y a en lui nul lieu où pourrait se former une telle pensée.

Autrement dit, l'enfant ne se dit pas qu'il est inutile de faire un effort, il ne sait même pas qu'il pourrait faire un effort.

Je pense en effet que, dans le fragile équilibre qui devrait exister aussi bien dans le sadomasochisme interne de chacun que dans le sadomasochisme entre personnes, tout excès dans un sens ou dans l'autre provoque un déséquilibre qui conduit à la constitution d'un couple sadomasochiste.

Cela n'est nulle part plus voyant que dans les rapports parents-enfants ; ces derniers, en effet, sont **normalement** dans une position masochiste vis-à-vis de leurs géniteurs, qui ayant la charge de les éduquer, c'est-à-dire de mettre un frein à leurs pulsions, doivent donc inévitablement leur procurer de la souffrance.

Mais on peut voir cependant aussi, et de plus en plus fréquemment, la situation inverse et des enfants - voire des bébés - être dominants par rapport à leurs parents.

Je prendrai comme exemple, pour expliquer au plan théorique l'économie et la dynamique de ces rapports, celui d'une mère masochiste avec son enfant ; d'une mère **exagérément masochiste**, puisque je pense qu'une certaine dose de masochisme est indispensable pour être une bonne mère.

Lorsque la partie masochiste de la pulsion sadomasochiste d'une mère (ou de toute autre personne) s'est exagérément développée, elle n'a pu le faire qu'aux dépens de la partie sadique de cette pulsion ; on se trouve alors devant une pulsion sadomasochiste déséquilibrée, pathologique, située à l'intérieur du psychisme maternel.

Le retentissement de ce déséquilibre va affecter la pulsion sadomasochiste qui se trouve dans le psychisme de l'enfant, où il va produire un déséquilibre semblable à celui qui affecte la mère, mais en sens inverse.

Économiquement, cela ne change rien à la quantité globale de sadomasochisme de ce couple, mais sa distribution à l'intérieur de ces deux sujets sera pathologique : presque toute la partie masochiste de la pulsion se trouvera dans le psychisme maternel tandis que presque toute la partie sadique, la pulsion d'emprise, sera dans le psychisme de l'enfant.

Cette réorganisation de la pulsion sadomasochiste est due au fait que le masochisme de la mère a pris une telle place dans le psychisme de l'enfant qu'il n'y reste aucun espace qui permettrait à la partie masochiste de celui-ci de se développer normalement.

Le masochisme de la mère est venu "saturer" les possibilités masochistes de l'enfant.

Celui-ci n'aura donc aucun scrupule à négliger ou même à faire souffrir sa mère et n'en aura nul regret - il sera en somme devenu sadique à son égard sans même s'en rendre compte tant cela lui paraîtra normal -, et cela parce qu'il a été privé d'une de ses capacités, celle de se sentir coupable.

Or nous savons bien que le sentiment inconscient de culpabilité est à la base du masochisme, et nous savons aussi que c'est ce sentiment de culpabilité qui déclenche le désir de réparer l'objet endommagé, et que c'est justement ce désir de réparation qui induit le développement des sentiments libidinaux.

En privant un bébé (ou quiconque) de la possibilité de se sentir en faute, on l'appauvrit libidinalement, et les deux partenaires se trouvent alors privés d'une grande part de cet échange affectif essentiel : recevoir et donner des sentiments d'amour.

La mère donnera sans fin son amour à l'enfant sans rien recevoir de lui en retour, mais l'enfant sera privé de la joie de **donner**, ce qui est pourtant nécessaire au développement harmonieux d'un être humain.

Il est donc indispensable d'analyser le mieux possible le passage du sadisme et du masochisme du parent à l'enfant qui se transmettent, comme déjà indiqué, soit par identification soit en opposition ; en opposition voulant dire que l'enfant n'a pas choisi son parent sadique comme modèle, pour devenir lui-même sadique, mais qu'il a si bien intériorisé cette façon d'être que celui qui le sadise est devenu un objet interne.

L'observation et le bon sens populaire ont résumé cela par deux dictons : "Tel père, tel fils" et "À père avare, fils prodigue".

Ce n'est pas là, comme on le dit souvent pour se moquer, une sotte contradiction car il s'agit, tout au contraire, de la prise en compte par la sagesse populaire de l'existence de deux modes de transmission.

Et si ces deux modes d'expression : dictons et psychanalyse sont en adéquation, c'est parce qu'ils viennent tous les deux de l'inconscient ; les dictons - expression de l'inconscient collectif - constatent, et souvent depuis des siècles et dans de multiples régions du globe, ce que la psychanalyse explique et théorise.

Je me propose de donner ci-après un exemple clinique de transmission sadomasochiste transgénérationnelle qui s'étend sur quatre générations, intéressante parce que les autres exemples dont je pourrais faire état concernent le plus souvent une transmission parent/enfant ou arrivent parfois à inclure les grands-parents, soit trois générations.

Comme dans tout cet ouvrage, il ne sera question ici que de sadomasochisme moral inconscient, non reconnu comme tel ni par les acteurs ni le plus souvent par les spectateurs ; il s'agira, pour ainsi dire, d'un sadomasochisme ordinaire, feutré, rendu méconnaissable parce qu'il ne dépasse pas ce qui semble acceptable et peut même, grâce à l'aveuglement de tous, passer pour normal.

Geneviève

La patiente que j'appellerai Geneviève fit une très longue analyse, dont la partie la plus difficile à élaborer fut son masochisme.

Je ne rapporterai ici que les passages de cette analyse qui ont un rapport avec la transmission transgénérationnelle du sadomasochisme, en reliant entre eux quelques souvenirs de ma patiente dans un arrangement chronologique qui n'est bien évidemment pas celui dans lequel ils se présentèrent au cours de l'analyse.

Extrêmement attachée à sa mère, qui considérait au contraire sa fille comme quantité négligeable (ce qui est une des causes les plus fréquentes du masochisme moral), Geneviève commença, lorsque nous abordâmes ce problème, par ne pas comprendre le rapport qui pouvait bien exister entre ce fait et son masochisme :

"Ce n'est pas parce que ma mère ne s'intéressait pas à moi et n'avait pas d'admiration pour moi que je pense que les autres personnes ne peuvent pas me trouver intéressante, c'est tout simplement parce que je ne le suis vraiment pas."

"Voyez, par exemple : ma cousine Sophie était une fillette ravissante et d'une élégance naturelle et elle était aimée de tous ; elle avait un caractère difficile, c'est vrai, mais même cela était une qualité puisque ses parents, tout en la grondant, disaient que leur fille n'était pas une timide (ce que l'on disait de moi) et qu'elle saurait faire son chemin dans la vie."

"Ou encore un autre de mes cousins, Claude, qui à cause de leur divorce était couvert de cadeaux et de compliments par ses deux parents ; on critiquait beaucoup une telle éducation dans la famille, mais moi je pensais que pour être tellement admiré et gâté il devait être très aimé et donc avoir beaucoup de vertus."

Dépourvue des qualités "naturelles" qui auraient pu séduire sa mère, Geneviève avait essayé d'attirer son attention par ce que l'on pourrait appeler des "qualités négatives" : une sagesse excessive et un art de disparaître tout en étant là ; par exemple, lorsque sa mère recevait des amis ou s'occupait d'une autre personne, elle ne quittait pas une réunion ennuyeuse pour aller lire ou s'amuser dans sa chambre, comme l'aurait fait un autre enfant. Elle restait là sans y être vraiment, de façon à ne pas donner l'impression qu'elle était mal élevée et qu'elle trouvait la réunion sans intérêt. *"Je m'effaçais comme avec une gomme"*, me disait-elle.

En effet, pensait-elle, si elle avait quitté la réunion, on aurait pu en comprendre la raison, la juger impertinente et reporter sur la mère les défauts de la fille ; en restant là, au contraire, elle mettait sa mère en valeur en montrant quelle bonne éducatrice elle était.

Cependant, comme Caroline n'avait nulle envie de s'intéresser à l'éducation de sa fille, elle la confia à une excellente institution pour jeunes filles où Geneviève fut malheureuse sans même sans rendre compte.

Une telle absence de réaction semble difficile à imaginer mais, si l'on interroge un masochiste, on constate à coup sûr qu'il trouve tellement normal le fait de ne pas être aimé qu'il trouve tout autant normal d'être malheureux, comme le confirment les ouvrages littéraires que j'analyse plus loin.

L'établissement choisi pour Geneviève avait une excellente réputation car il était conçu de façon à produire des jeunes filles dont l'éducation satisferait en tout point leurs parents. La discipline y était donc naturellement rigoureuse et la "sensiblerie" entièrement bannie.

Pour comble, la surveillante qui avait été spécialement affectée à Geneviève pour s'occuper de son éducation s'avéra être une vraie sadique. Cette femme était de bonne foi, et elle était certaine de ne faire que son devoir en utilisant tous les moyens, même les plus durs, pour obtenir une jeune fille "parfaite" ; en réalité elle en faisait surtout une masochiste "parfaite".

Par exemple, Geneviève se rappelait les longues litanies qui sanctionnaient ses moindres peccadilles :

"Voyons si tu as quelques-unes des qualités qui pourraient nous permettre d'espérer une amélioration : es-tu obéissante ?

"Non !" disait la monitrice, qui faisait les demandes et les réponses. *"Es-tu travailleuse ? Non ! Es-tu aimable ? Non ! Es-tu bien élevée ? Non !"* et ainsi de suite.

C'était la surveillante qui donnait les réponses mais, le rouge au front, honteuse et repentante, Geneviève était tout à fait d'accord avec toutes ces accusations qui lui semblaient fondées ; elle devenait donc, chaque jour un peu plus, la masochiste qu'elle fut toute sa vie.

À cause de cette éducation, les enfants de ma patiente furent élevés par une mère qui ne comptait pas à ses propres yeux, dont les désirs n'avaient nul besoin d'être satisfaits et dont la seule finalité était de bien s'occuper de sa famille.

De même que leur grand-mère avait inconsciemment adopté le point de vue de son propre père sur sa prééminence (ce point sera expliqué plus loin), tout comme leur mère avait adopté la façon de voir de Caroline sur sa propre nullité, ses trois enfants avaient adopté le point de vue de leur mère en ce qui concernait leur attitude envers elle : ils l'aimaient vraiment, ils appréciaient sa sollicitude mais il ne leur vint jamais à l'esprit qu'elle pût avoir besoin de quelques **preuves** d'amour ou d'attention.

"Après tout, me dit Geneviève, ce n'est pas de leur faute mais bien de la mienne et ils n'ont fait qu'appliquer ce que je leur ai répété durant toute leur enfance, c'est-à-dire qu'eux seuls comptaient, et que s'ils étaient heureux je l'étais aussi."

Dès son baccalauréat obtenu, Geneviève avait quitté le lycée ; elle aimait pourtant beaucoup apprendre et était bonne élève, mais pourquoi continuer des études puis exercer un métier ? Il valait bien mieux se marier et avoir des enfants, lui répétait sa mère, comme si les deux choses eussent été incompatibles.

Elle fit tout naturellement sienne cette façon de voir et pensa donc que son destin était de se marier, *essentiellement pour avoir des enfants ;* l'idée de se marier pour son propre bonheur lui paraissait certes souhaitable mais ne venait qu'à la deuxième place dans ses motivations. Puisqu'elle avait le grand privilège de pouvoir donner la vie, elle pourrait au moins offrir à ses enfants ce qu'elle-même ne pouvait pas espérer : la possibilité de réussir.

"Mes deux grands-pères étaient des hommes remarquables", disait-elle, *"mes enfants auraient donc toute chance de l'être aussi ; moi, je ne suis qu'un*

maillon de la chaîne, une passante, mais je leur transmettrai ce qui vient de mes grands-pères, le droit au succès."

On voit que dans une contingence aussi importante que le choix d'un compagnon Geneviève continuait à *"s'effacer"*.

Dans le but de trouver un bon mari pour sa fille cependant, la mère avait invité chez elle des jeunes gens et des jeunes filles en âge de convoler qui, à leur tour, invitèrent Geneviève à leurs réunions : *"Jamais l'expression 'faire tapisserie' ne fut mieux adaptée que dans mon cas,* me dit ma patiente, *pour les autres jeunes filles cela voulait simplement dire qu'elles étaient moins invitées à danser que d'autres plus jolies et qu'elles se trouvaient donc contraintes à rester sagement assises sur les chaises qui bordaient la piste de danse, comme cela se faisait en ce temps-là. Pour moi, le sens en était littéral : j'aurais vraiment voulu m'intégrer au papier qui tapissait les murs et je désirais tellement m'y fondre que j'aurais pu devenir une partie de la tapisserie et être désormais invisible."*

Geneviève ne semblait pas aussi dépourvue de qualités aux yeux des autres qu'elle le pensait elle-même, si bien qu'elle avait trouvé un mari acceptable, *"bien sous tous rapports",* me dit-elle ironiquement ; un homme sage et solide mais sans beaucoup de fantaisie, de ceux qu'aiment les mères soucieuses du bonheur de leurs filles, et que la sienne trouva convenable.

Elle s'était donc mariée, avait eu trois enfants avec bonheur et elle continua tout naturellement à se conduire comme elle l'avait toujours fait jusque-là, devenant la servante de toute la famille et tenant pour négligeables ses souhaits personnels ; pour en donner un exemple banal, elle qui adorait le soleil et la mer chaude ne passa plus ses vacances qu'en Bretagne ou en Normandie, parce que son mari préférait cela et que c'était bon pour les enfants.

Elle renonça aussi à l'idée de se réaliser dans un travail ; elle n'avait pas de métier, il est vrai, mais à cette époque-là le chômage était inconnu et elle aurait pu apprendre "sur le tas", si seulement elle avait reçu un petit encouragement de la part de son mari.

Mais celui-ci se trouvait parfaitement bien dans le statu quo et ne voyait pas ce que lui-même et les enfants auraient eu à gagner si la mère de famille avait été moins disponible, alors qu'il voyait fort bien ce qu'il avait à y perdre.

C'était un homme honnête, qui n'avait nullement défendu à sa femme de chercher un travail, et qui ne lui aurait pas non plus reproché de désirer connaître autre chose que le train-train quotidien : cela était au demeurant tout à fait inutile car Geneviève s'imposait très bien cet interdit toute seule.

Ceci est un trait commun aux masochistes : ils se tiennent tellement pour quantité négligeable qu'on n'a pas besoin de les brimer ou de batailler pour choisir à leur place. Ils s'effacent sans effort apparent et c'est sûrement ce qu'il y a de pire dans une telle situation : comme les "musulmans" des camps de concentration, ils internalisent l'opinion d'eux-mêmes qu'on leur a inculquée depuis la naissance, de telle sorte que celle-ci leur semble représenter la réalité et provenir de leur propre jugement.

Les encouragements de son mari auraient pu inverser cette façon de penser, car il se serait alors posé comme une alternative à la toute puissance de la mère. C'est pour la même raison que l'analyste est capable, lui aussi, de contrebalancer les oukases maternels : en prenant, dans le transfert, la place d'un père valorisant il peut modifier l'opinion que le masochiste a de lui-même et réparer le narcissisme endommagé de son patient.

Le mari de Geneviève ne fit rien de pareil et, tout en trouvant sa vie très ennuyeuse, ma patiente acceptait qu'elle soit ainsi : de toute façon elle ne savait rien faire, n'avait pas de métier et s'estimait déjà bien contente d'être capable d'être une bonne maîtresse de maison, de faire de son mieux pour élever convenablement ses enfants et de consacrer toutes ses forces à leur bonheur : elle avait d'ailleurs été tellement étonnée lorsque je lui avais dit *"et votre bonheur à vous ?"* que j'avais eu l'impression de proférer une incongruité.

Cela me semble montrer que le fameux *"au fond elle (il) aime ça"* n'est que la part la plus voyante du masochisme moral, et je crois plus juste de dire que ne rien revendiquer, ne rien demander, accepter de vivre sans bonheur autre que celui qu'on peut procurer aux siens ou aux amis, ce n'est pas un choix : c'est une contrainte, justifiée par la certitude du sujet que cela est normal et légitime, puisque lui-même ne mérite rien.

Puisque Geneviève pensait qu'elle était "une femme sans qualités", il était bien normal qu'elle ait une vie sans qualités.

Sa demande d'analyse montrait cependant qu'elle se sentait en danger de mort psychique, et qu'avant de renoncer définitivement à exister vraiment, elle avait trouvé assez de forces de vie en elle pour essayer de braver l'interdit.

Il fallut un long travail avant qu'elle osât penser à sa mère autrement qu'à une femme parfaite et qu'à la mère parfaite d'une fille très imparfaite.

Je lui indiquai que nous n'avions pas à juger sa mère et encore moins à la condamner, mais seulement à essayer de comprendre quelles circonstances de son enfance avaient amené sa mère à occuper toute la place dans la famille, n'en laissant aucune pour permettre à sa fille de se développer et de s'épanouir.

Ici également je vais résumer et remettre dans un ordre chronologique ce que Geneviève me rapporta de façon discontinue et en désordre, et qui lui revenait à la mémoire parfois spontanément et parfois à l'occasion de notre travail sur un rêve.

Caroline, la mère de Geneviève, était l'aînée d'une fratrie composée de trois sœurs et trois frères. Ou plutôt il en eût été ainsi si la première-née du couple grand-parental n'était décédée vers l'âge de deux ou trois ans ; ma patiente ne savait pas exactement ce qu'il en était puisque le sujet n'était jamais évoqué en famille. Elle ne connaissait même pas le nom de sa sœur morte et elle avait appris le peu qu'elle en savait par des amis de ses parents et alors qu'elle était déjà adulte.

C'est donc à cause du décès de son aînée que Caroline avait pris la première place dans la famille. Cela n'eût peut-être pas été aussi important dans son développement - quoi qu'on sache les conséquences qu'entraîne le fait de venir prendre la place d'un enfant mort - s'il n'y avait eu les circonstances qui avaient entouré ce décès : en effet, si celui-ci avait été rapide, il avait été accompagné d'intolérables souffrances dont le père s'était rendu responsable et dont il avait gardé une inguérissable culpabilité.

Son seul soulagement avait été de décider que rien de mal ne pourrait arriver à sa fille Caroline car il y veillerait jour et nuit ; il reportait en quelque sorte sur sa deuxième fille l'attention vigilante qu'il s'accusait de n'avoir pas accordé à la première.

Cela fut accompagné de l'ordre donné à tous : aux frères, sœurs, domestiques et même à la mère, de combler tous les désirs de l'enfant, ce qui fut accepté, tant l'autorité du père était grande.

Le père de Caroline avait donc réussi à réunir ses deux filles, la morte et la vivante, en une seule personne qui recevait de ce fait une double portion de tendresse, d'attention et de cadeaux, tout cela encore accru du désir de réparation du père.[46]

Il est étonnant, dans de telles conditions, que Caroline ne soit pas devenue parfaitement odieuse et qu'elle ait "seulement" développé un extrême narcissisme. C'est un fait, me dit ma patiente, que sa mère n'était pas sadique mais qu'elle mettait au contraire une grande amabilité au service de sa séduction. Cette attitude explique bien le fait que sa mère était aimée - et même parfois idolâtrée - non seulement par son mari et ses proches mais aussi par la plupart de leurs amis et même par tout un chacun.

Il est vraisemblable que des dispositions innées aient contribué à cet état de choses, mais la cause principale me semble à trouver dans le besoin incoercible d'admiration et d'amour qui étaient indispensables à Caroline pour s'épanouir, et qu'elle avait donc "fait ce qu'il fallait" pour recréer le climat que son père avait maintenu autour d'elle durant toute son enfance.

Cela lui avait été facilité par sa grande beauté et par ses capacités de séduction qui ne laissaient personne indifférent : son plus cher

---

[46] C'est un fait que j'ai souvent constaté : un parent charge inconsciemment un enfant de "garder vivant" en lui un de ses frères ou sœurs décédés. Ce double fantasmatique fait dès lors partie du survivant qui se sent même parfois obligé de manger pour deux afin de ne pas se rendre responsable de la mort définitive de l'autre. Cf. G. Rubin, *"Cannibalisme psychique et obésité"*, Delachaux et Niestlé 1997

désir était qu'on l'aimât passionnément - comme l'avait fait son père - et ce désir fut comblé car, aussi longtemps qu'elle vécut, elle ne manqua jamais ni d'admirateurs ni d'amies dévouées.

Le grand-père maternel de Geneviève était un riche industriel du sud de la France qui adorait la vie et le bonheur : tout en travaillant dur il savait, une fois sa journée de travail terminée, oublier tous ses soucis et faire partager sa joie de vivre. Personne, alors, ne devait se sentir malheureux ; celui qui avait un souci lui en faisait part, et il trouvait toujours moyen d'arranger les choses ou au moins d'alléger la peine ; s'il s'agissait d'une morosité sans cause, on entourait celui qui se sentait triste de tendresse, d'amour, de plaisanteries et de rires jusqu'à ce que le sourire reprenne le dessus.

Il n'y avait pas de concert, de tournée théâtrale ni de conférence où l'on ne vît la famille s'installer aux meilleures places et il n'était pas rare, après le spectacle, que toute la troupe fût invitée à souper dans la maison paternelle. C'était alors Caroline qui était la "vedette" de la soirée car chacun s'ingéniait, pour en remercier l'hôte, de couvrir de compliments et d'attentions sa fille adorée.

Caroline eut le malheur de perdre son père alors qu'elle avait à peine une quinzaine d'années et si ses frères et sœurs continuèrent à l'entourer de prévenances, elle ne put jamais retrouver l'atmosphère d'admiration et la sécurité qu'elle avait reçues de son père.

Elle se maria donc avec un homme qui l'aimait passionnément, mais qui n'était évidemment pas de taille à rivaliser avec l'amour sans limites que le père défunt avait donné à sa fille, ni capable de recréer la situation affective œdipienne ; aussi Caroline avait-elle eu besoin, pour s'épanouir, d'ajouter à l'amour des siens le fait d'être constamment "le centre du monde".

Geneviève n'était donc qu'un des sujets sur lesquels régnait sa mère mais, étant la plus proche et compte tenu de la rivalité œdipienne, elle fut celle à laquelle Caroline laissa le moins d'espace de vie. Ainsi que je l'ai déjà indiqué, Caroline n'était pas activement sadique mais son narcissisme en faisait une dominatrice qui, tout occupée d'elle-même, était naturellement d'une grande indifférence vis-à-vis de sa fille.

Cette indifférence à tout ce qui n'était pas elle-même fit qu'elle ne s'aperçut pas de l'éducation sadique qu'elle imposait à son enfant par personne interposée, pas plus que du retentissement que celle-ci avait sur le caractère de Geneviève. Elle pensait que c'était "dans la nature" de sa fille et elle était d'ailleurs satisfaite de voir que, même en devenant une jolie jeune fille, celle-ci ne lui portait pas le moindre ombrage.

Si l'on reprend l'histoire de cette famille dans la transmission transgénérationnelle du sadomasochisme, on peut voir que le grand-père de ma patiente - premier de la chaîne - s'était donné une **position masochiste** à cause de son sentiment de culpabilité. Il n'était en effet nullement un être soumis, ni vis-à-vis des autres personnes ni dans ses affaires où il était, tout au contraire, un "dominant". En fait, il ne cessait de considérer ses désirs comme importants et ses décisions comme sans appel que lorsqu'il s'agissait des souhaits de sa fille : quels que fussent alors ses projets, il les abandonnait s'ils contrariaient son enfant chérie.

La position masochiste qui régissait les rapports de Caroline et de son père n'avait cependant pas abouti à une enfant "sadique" au sens généralement donné à ce mot, mais elle l'avait résolument installée dans l'idée qu'elle était la personne la plus importante du monde.

Regarder sa fille avec attention et amour, savoir si elle était heureuse ou pas n'entraient pas dans ses préoccupations : elle désirait une enfant qui tout en ne lui donnant pas de soucis serait, aux yeux du monde comme aux siens propres, la preuve de son excellence en tant que mère.

Ce narcissisme de Caroline, ajouté à l'éducation de l'institution et à une bonne dose d'indifférence paternelle, avait tout naturellement conduit Geneviève à être masochiste et, par voie de conséquence, à faire de ses propres enfants des "dominants" – vis-à-vis d'elle du moins, car les êtres humains n'étant pas faits d'une seule pièce ils peuvent parfaitement être des "dominants" ici, et des "dominés" ailleurs, comme on l'a vu pour le grand-père de Geneviève ou dans le cas du père de mon patient "Pierre".

L'histoire de cette famille, dont j'ai pu avoir des éléments de connaissance sur quatre générations successives, est une famille moyenne, tout à fait "normale", comme il y en a beaucoup et qui est loin de tout sadomasochisme considéré comme pervers.

Nous trouvons donc, en ne tenant compte que de la succession transgénérationnelle dans cette famille :
- masochiste-dominante (grand-père/Caroline) ;
- dominante-masochiste (Caroline+monitrice/Geneviève) ;
- masochiste-dominant (Geneviève/ses enfants).

Il est cependant bien évident que les choses sont beaucoup plus complexes que ne pourrait le laisser penser l'ossature que j'ai présenté ici, et que quantité d'interférences agissent, à toutes sortes de niveaux, pour infléchir différemment l'évolution de chacun.

Il ne s'agit là que d'un schéma simplifié, mais dont la chaîne permet de mieux voir le jeu transgénérationnel "dominant/dominé" ou "sadique/masochiste".

Au plan théorique, l'analyse de Geneviève m'a permis de montrer l'origine de la pulsion sexuelle qui sous-tend le masochisme dont l'énergie libidinale prend naissance dans l'Œdipe.

Si le masochiste "aime sa souffrance", c'est en effet à mon sens parce que celle-ci lui permet de faire de sa mère, ou de son père, un objet interne, car cette intériorisation est la seule façon qu'il ait de la (ou le) posséder enfin mais ce qui, en contrepartie, rend le persécuteur indissociable du sujet.

Il s'agit alors de ce que Mélanie Klein a nommé l'identification projective : l'enfant qui a projeté dans sa mère tout ce qu'il y avait de mauvais et de douloureux en lui n'a pas pu le réintrojecter débarrassé de sa toxicité[47] à cause de l'incapacité de rêverie de la mère[48].

---

[47] Pour donner le plus simple et le plus concret des exemples de ce mécanisme, il n'est que de penser à ce qui se produit lorsqu'un petit enfant se fait mal. Aussitôt

Il doit donc garder en lui ses mauvaises parties ; mais si la mère est indifférente à l'égard de l'enfant (ce qui revient à être sadique, si l'on fait référence à l'absolue nécessité d'amour d'un enfant), alors celui-ci va réintrojecter, en même temps que ses propres parties destructrices "non-détoxiquées", la pulsion sadique maternelle qui les accompagne.

Seul l'amour maternel peut permettre à l'enfant de réintégrer en lui sans trop de problèmes les traumatismes qui le frappent, parce que ceux-ci ont changé de nature grâce à la capacité de rêverie de la mère ; et c'est aussi pour cette raison que l'amour maternel est essentiel pour le développement de l'être humain.

N'ayant pas reçu "son dû", l'enfant va donc choisir, pour posséder quand même cette indispensable quantité de présence maternelle, la seule voie qui lui est ouverte, l'identification à l'agresseur en devenant, de ce fait, "le bourreau de lui-même".

Masochisme et appareil psychique

Je voudrais, à partir de cette étude et des exemples cliniques qui l'accompagnent, différencier divers aspects du sadomasochisme ; celui-ci ne me semble en effet pas pouvoir être associé à la seule perversité car je pense qu'il est présent dans tout le champ de la pathologie psychique.

Je mettrai tout d'abord à part ce que j'ai appelé la "position masochiste", dans laquelle ce n'est pas le masochisme de la victime qui active le sadisme du bourreau mais la position d'infériorité dans laquelle elle se trouve malgré elle, ainsi que c'est le cas pour l'enfant par rapport à l'adulte, pour l'employé par rapport au patron, pour

---

la mère accourt, frotte l'endroit douloureux et y pose des bisous. L'enfant repart soulagé car, par sa manifestation d'amour, sa mère a accueilli en elle la souffrance de son enfant et lorsque celui-ci a retrouvé – réintégré - sa douleur en lui, elle est désormais apaisée.

[48] W. Bion, *"Aux sources de l'expérience"*, P.U.F.1979.

un conjoint (le plus souvent la femme) par rapport à l'autre conjoint, pour un peuple par rapport au peuple dominant qui le persécute, etc.

De telles situations favorisent certainement l'éclosion d'un masochisme ultérieur, mais on ne peut pas parler de pathologie psychique lorsqu'on se trouve devant de tels cas, puisque cette transformation n'est pas inéluctable et que certains trouvent en eux la force d'échapper à la position masochique qui leur a été imposée.

L'aspect du masochisme le plus reconnu est celui du masochisme pervers ; comme chacun a en mémoire des exemples de cette perversion et que je n'en ai pas traité dans cet ouvrage, je me bornerai à en signaler l'existence.

Je mentionnerai cependant que la perversion ne concerne pas seulement une *"déviation par rapport à l'acte sexuel normal, défini comme coït visant à obtenir l'orgasme par pénétration génitale, avec une personne du sexe opposé"* (Vocabulaire de la psychanalyse). On peut, par exemple, avoir atteint l'organisation génitale de la sexualité et être masochiste. Il est vrai que *"pour Freud le passage à l'organisation génitale de la sexualité suppose que le complexe d'Œdipe ait été dépassé, le complexe de castration assumé, l'interdiction de l'inceste acceptée"(id.).*

Il est toutefois possible d'avoir atteint l'organisation génitale somatique de la sexualité tout en restant un masochiste moral.

Mais si un sujet a été capable d'un tel travail psychique, c'est-à-dire s'il a internalisé la loi, nous ne sommes plus dans le domaine de la perversion mais bien dans celui de la névrose.

Le masochisme se trouve donc dans le champ de la perversion lorsque le pervers est resté en deçà de l'Œdipe et qu'il *"vit dans l'illusion que la prégénitalité est égale ou supérieure à la génitalité"*. Quand *"le père et ses attributs vont être disqualifiés"*[49], comme l'écrit Janine Chasseguet-Smirgel.

---

[49] Janine Chasseguet-Smirgel, *"Ethique et esthétique de la perversion"*, Champ Vallon 1984.

Mais il est dans le champ de la névrose lorsqu'il affecte des sujets qui, loin de nier la loi, sont au contraire, comme le dit Freud, gouvernés par un Surmoi particulièrement exigeant. Tels sont les exemples que j'ai donnés : Pierre, Jeannette et Geneviève.

Cependant, au-delà du masochisme pervers ou névrotique (qui contiennent évidemment leur part de sadisme), j'ai pu reconnaître une troisième sorte de masochisme, qui semblerait s'apparenter à la psychose par un de ses côtés et que j'ai appelé le "masochisme absolu".

J'en ai relevé plusieurs exemples cliniques et on en trouve une description particulièrement parlante dans le roman de Dostoïevski "Crime et Châtiment" où le héros - Rodion Raskolnikov - dont j'étudie le cas dans la deuxième partie de cet ouvrage, est un masochiste absolu.

Dans le masochisme absolu on trouve en effet un repli quasi autistique et un narcissisme dont l'importance entraîne clivage et déni.

Freud avait en un premier temps désigné le groupe des psychoses sous le nom de "névroses narcissiques" pour en faire ressortir le caractère centré sur la personne propre, et c'est un aspect que l'on retrouve chez les masochistes absolus : ils n'ont en effet pas besoin d'un partenaire sadique pour les tourmenter, ils n'ont pas besoin de communiquer avec l'extérieur, ils se suffisent à eux-mêmes ; la presque totalité de leur affectivité reste confinée à l'intérieur de leur psyché et leur persécuteur est exclusivement interne.

On peut aussi retrouver chez eux le déni, qui est classiquement défini comme le refus de reconnaître la castration et d'en accepter la charge d'angoisse. Reconnaître la castration serait en effet une insupportable atteinte narcissique pour de tels sujets, qui ne peuvent accepter la réalité de l'absence de pénis chez la mère car, comme le dit Freud : *"Non, ce ne peut pas être vrai, car si la femme est châtrée, une menace pèse sur son propre pénis à lui, ce contre quoi se hérisse ce morceau de narcissisme dont la nature prévoyante a justement doté cet organe."* [50]

---

[50] Freud "Le fétichisme" in "La vie sexuelle" P.U.F.1970.

Freud, comme il le fait souvent, s'occupe du cas du garçon, mais le narcissisme de la fille est pareillement en cause : elle pense que, si elle n'a pas le même attribut que le garçon, il lui manque un organe essentiel ; elle se vit alors elle aussi comme châtrée ce qui est une atteinte narcissique pareillement insupportable.

Freud a d'abord découvert le déni par l'analyse des cas de fétichisme, mais le refus d'accepter la castration et le déni qui s'en suit peuvent aboutir à d'autres destins ; les masochistes absolus, par exemple, échappent à la peur de la castration par la toute-puissance et notamment en créant et manipulant "leur sadique" : *"Gardons-nous de penser,* dit Freud, *que le fétichisme constitue un cas exceptionnel du clivage du moi, non, mais il nous offre une excellente occasion d'étudier ce phénomène. Revenons au fait que le moi infantile, sous l'emprise du réel, se débarrasse par le procédé du refoulement des exigences pulsionnelles réprouvées. Ajoutons que le moi, durant la même période de vie se voit souvent obligé de lutter contre certaines prétentions du monde extérieur ressenties comme pénibles et se sert, en pareille occasion, du procédé du déni pour supprimer les perceptions qui lui révèlent ces exigences. De semblables dénis se produisent fréquemment et pas seulement chez les fétichistes. Partout où nous sommes en mesure de les étudier, ils apparaissent comme des demi-mesures, comme des tentatives imparfaites de détacher le moi de la réalité. Le rejet est toujours doublé d'une acceptation ; deux attitudes opposées, indépendantes l'une de l'autre s'instaurent, ce qui aboutit à un clivage du moi."*[51]

Tandis que le déni de la castration est conforté à l'intérieur du sujet par un sentiment de toute-puissance, c'est l'attitude contraire que, par le clivage de son moi, le sujet laisse apparaître à l'extérieur, où il se montre comme totalement privé de pouvoir ; c'est ce que l'on peut remarquer chez le héros de "Crime et châtiment" et ce que j'ai moi-même constaté dans divers cas cliniques.

Dans la deuxième partie de cet ouvrage, je donnerai des exemples littéraires de trois sortes de masochisme :

---

[51] Freud, "L'appareil psychique et le monde extérieur", in *"Abrégé de psychanalyse"*, P.U.F. 1975.

Poil de Carotte, le héros de Jules Renard, est dans une **position masochiste**. C'est un enfant que sa mère persécute et qui gardera toute sa vie des traces de cette persécution en devenant un vrai masochiste.

Le Père Goriot, personnage central du livre de Balzac, est un **masochiste** dont le masochisme permet et même pousse ses filles à le tourmenter.

Dans ces deux cas, le masochiste trouve en face de lui un autre - qu'il a choisi lui-même ou pas - qui le harcèle.

Rodion Raskolnikov, le héros de *"Crime et châtiment"*, (le roman de Dostoïevski) est par contre un **masochiste absolu** ; il n'a pas de partenaire pour le tourmenter jusqu'au moment où il va littéralement forcer un juge d'instruction à découvrir sa culpabilité et donc à l'envoyer aux assises.

J'ai volontairement choisi tous les exemples de cet ouvrage hors de l'actualité car c'était pour moi la seule façon d'échapper, autant que faire se peut, à l'inévitable influence qu'exerce l'affectivité sur ce qui est trop proche de nous.

DEUXIÈME PARTIE

TROIS MASOCHISTES DE LA LITTÉRATURE

CHAPITRE I

Jules Renard : Poil de Carotte

Les exemples de couples sadomasochistes que je vais proposer ne sont pas tirés de ma clinique mais de la littérature, essentiellement pour deux raisons : la première est que le génie d'un grand auteur venant enrichir ses observations, son récit nous fait ressentir les sentiments et les états d'âme de ses personnages bien plus profondément que ne peut le faire le simple exposé du psychanalyste ; celui-ci n'a généralement pas le talent d'un grand écrivain et son devoir de réserve l'a de plus obligé à dépouiller son récit des détails les plus parlants.

L'autre raison en est que le texte original des récits dont j'ai tiré mes exposés est disponible pour tout lecteur, ce qui permet à chacun de critiquer, de compléter ou éventuellement d'accepter mon interprétation du récit en question.

Le premier texte dont je ferai état nous montre un personnage en **position masochiste** que le sadisme de sa mère fige à tout jamais dans un **masochisme** accablant.

Le livre de Jules Renard qui porte ce titre est à mon sens celui qui présente avec le plus de justesse et le plus de subtilité les comportements et les sentiments du masochiste.

Il s'agit d'une autobiographie camouflée en roman (l'auteur l'a confirmé ultérieurement) dont le héros a été ironiquement et méchamment surnommé "Poil de Carotte" par sa mère en raison de la couleur de ses cheveux.

On peut clairement voir, dans ce récit, pourquoi ce que j'ai appelé la "position masochiste" (il s'agit d'un enfant et il est de ce fait livré sans défense au bon vouloir de ses parents) perdure au lieu de se dissoudre, et comment elle se transforme en masochisme quand un des parents est sadique.

Lorsque tout va bien, en effet, la position masochiste de l'enfant est compensée par l'attention, la tendresse, l'amour et les soins des parents, toutes choses qui viennent corriger ce que peut avoir de trop contraignant l'état d'enfant.

Rien de tel n'existe chez Mme Lepic - la mère de Poil de Carotte - qui n'aime pas, on peut même dire qui déteste, son fils cadet, sur lequel elle exerce en priorité son sadisme. Cette attitude maternelle, déjà très grave en elle-même, est encore majorée par l'indifférence du père : celui-ci, bien qu'un peu moins dur vis-à-vis de l'enfant, n'a cependant pas assez d'amour en lui pour faire contrepoids aux incessantes attaques de la mère.

La famille Lepic est un bon modèle de ce que j'appelle le sadomasochisme ordinaire, c'est-à-dire celui qui n'est pas perçu comme tel par la victime, par le bourreau ou même par l'entourage ne serait venu à personne, ni à la famille, ni aux voisins, et encore moins à l'autorité publique, l'idée d'intervenir pour adoucir le sort de Poil de Carotte.

En certains endroits du récit cependant on sent affleurer l'idée que quelques rares personnes savent à quoi s'en tenir mais, dans ce cas, ou bien elles renoncent "à se mêler de ce qui ne les regarde pas" ou alors c'est Poil de Carotte lui-même qui le leur interdit, en prétendant que tout va bien pour lui et qu'il est parfaitement heureux dans sa famille.

Par exemple, à une voisine qui le prend en pitié et qui lui dit : *"Écoute, je ne suis pas ta grand-maman, mais je pense ce que je pense et je te plains, pauvre petit, car j'imagine qu'ils te rendent la vie dure"*, Poil de Carotte répond : *"Et après ? Est-ce que ça vous regarde ? Mêlez-vous donc de vos affaires et laissez-moi tranquille."*[52]

Le livre, paru en 1894, a connu un immense succès et a été traduit dans toutes les langues ; Jules Renard en a tiré une pièce de théâtre constamment représentée depuis, et il a également été le sujet de plusieurs films, ce qui montre bien, à mon sens, que ce thème a touché un point sensible chez chaque lecteur, ravivant quelque obscur souvenir désormais refoulé au plus profond de l'inconscient. C'est cependant le retour du refoulé qui permet au lecteur de si bien s'identifier au héros du roman.

C'est un chœur à trois voix qui compose le livre, l'auteur venant sans cesse reprendre et commenter les dires de ses personnages ; devenu adulte et écrivant ses souvenirs pour essayer de s'en débarrasser, Jules Renard, aurait-on pu penser, allait enfin sortir de son rôle de masochiste. Il n'en est rien car, comme il est de règle, il se montre encore plus sadique envers lui-même que ne pourrait l'être n'importe qui d'autre. En effet, étant seul juge et maître d'écrire ce qui l'arrange, il pourrait passer sous silence ou au moins gommer un peu ses défauts les plus criants.

Or, impitoyable envers lui-même comme l'était autrefois sa mère, il se montre sous son plus mauvais jour et monte en épingle ses travers (réels ou fantasmatiquement majorés ?) les plus répugnants. *"L'enfant*, - écrit-il en 1890 dans le "Journal" -, *Victor Hugo et bien d'autres l'ont vu ange. C'est féroce et infernal qu'il faut le voir. Il faut casser l'enfant en sucre... L'enfant est un petit animal nécessaire. Un chat est plus humain."*[53]

---

[52] Jules Renard, *"Poil de Carotte"*, 1894. Les autres citations en italique et entre guillemets sont tirées du même ouvrage, sauf mention.
[53] Jules Renard, *"Journal"*, Bernouard 1935.

Poil de Carotte est le dernier d'une fratrie de trois, composée d'une grande sœur : "Ernestine la rapporteuse", qui ne tient pas une grande place dans l'ouvrage, et de "grand-frère Félix" que la mère ne tourmente jamais et dont le prénom que lui a donné Jules Renard : Félix = heureux, indique déjà lequel des deux frères est aimé.

En effet, lorsque la famille Lepic reçoit des hôtes de passage, c'est Poil de Carotte qui doit leur céder sa chambre et aller dormir auprès de sa mère dont *"la grande chambre, glaciale même en hiver, contient deux lits. L'un est celui de Monsieur Lepic et dans l'autre Poil de Carotte va reposer, à côté de sa mère, au fond."*

Ce qui pourrait être une grande joie auprès d'une mère "suffisamment bonne" se transforme en catastrophe pour Poil de Carotte, qui sait la tare (il ronfle) dont il est affligé et le châtiment qui s'en suivra.

Aussi essaie-t-il d'échapper à son sort en s'empêchant de ronfler ; pour ce faire, il toussote *"sous ses draps pour déblayer sa gorge"*, puis il souffle doucement *"par ses narines pour s'assurer qu'elles ne sont pas bouchées"*.

Mais toutes ces précautions sont peine perdue car, dès qu'il dort, il ronfle ; *"Aussitôt Mme Lepic lui entre deux ongles, jusqu'au sang, dans le plus gras d'une fesse. Elle a fait choix de ce moyen."*

Naturellement l'enfant, réveillé en sursaut, pousse un cri qui à son tour réveille son père qui lui demande ce qui lui arrive. Ce à quoi Mme Lepic répond suavement : *"Il a le cauchemar"*. Et elle fait mine de chantonner une berceuse pour calmer son cher enfant.

La scène intitulée "Le pot" montre jusqu'à quel raffinement pouvait aller la cruauté de Mme Lepic, qui enfermait son fils dans un piège sans issue pour pouvoir plus commodément l'accuser d'être un dégoûtant personnage.

Il s'agit cette fois de la façon dont se déroulaient les faits en cas de mal de ventre nocturne : lorsque Poil de Carotte était réveillé par les premières affres de la colique, il espérait tout d'abord trouver son pot de chambre sous son lit (les salles de bains et les toilettes étaient rares à l'époque, et chacun avait un pot de chambre qui venait pallier cet inconvénient), encore qu'il ait parfaitement su que, tout en prétendant le contraire, sa mère "oubliait" systématiquement de l'y déposer, mettant ainsi l'enfant au supplice en cas de nécessité.

On pense, en un premier temps, qu'il suffirait à l'enfant de faire l'effort de sortir de sa chambre et d'aller aux toilettes pour résoudre ce problème mais voilà, Mme Lepic prenait régulièrement soin de fermer à clé la porte de la chambre, dont la fenêtre était munie de barreaux.

Poil de Carotte essayait donc d'abord désespérément de se retenir mais "*bientôt une douleur suprême met Poil de Carotte en danse. Il se cogne au mur et rebondit. Il se cogne au fer du lit. Il se cogne à la chaise, il se cogne à la cheminée, dont il lève violemment le tablier et il s'abat entre les chenets, tordu, vaincu, heureux d'un bonheur absolu.*"

Le lendemain matin Mme Lepic entrait dans la chambre avec un pot dissimulé derrière son dos qu'elle glissait ensuite prestement sous le lit. Puis elle ameutait la famille par des cris et des gémissements et, tournée vers Poil de Carotte, l'apostrophait : "*Misérable ! Tu perds donc le sens ! Te voilà donc, dénaturé ! Tu vis donc comme les bêtes ! On donnerait un pot à une bête qu'elle saurait s'en servir. Et toi tu imagines de te vautrer dans les cheminées. Dieu m'est témoin que tu me rends imbécile et que je mourrai folle, folle, folle !*"

Poil de Carotte contemplait le pot "miraculeusement" apparu et ne pouvait que reconnaître sa présence, car il aurait vraiment fallu être aveugle pour ne pas voir sa blancheur éclatante.

Alors, aux voisins accourus et qui l'interrogeaient sur une aussi incompréhensible réapparition, il répondait : "*Parole d'honneur, moi je ne sais plus. Arrangez-vous.*"

Comme tout masochiste, en effet, Poil de Carotte est tellement sous la coupe de celui qui le sadise qu'il renonce à avoir un jugement propre et adopte régulièrement le point de vue de son tourmenteur.

On voit aussi, dans d'autres chapitres, que Mme. Lepic est une vraie sadique, qui sadise tout ce qui, autour d'elle, est faible et sans défense, alors qu'elle se garde bien de le faire dès que l'autre personne n'est pas en position masochiste. Elle n'attaque, par exemple, ni son mari ni son fils Félix.

À son parrain qui lui demande si sa mère lui fait peur, Poil de Carotte répond que c'est plutôt lui qui ne lui fait pas assez peur ; en effet, dit-il, *"Quand elle veut donner une correction à mon frère, il saute sur un manche de balai, se campe devant elle, et je te jure qu'elle s'arrête court. Aussi elle préfère le prendre par les sentiments. Elle dit que la nature de Félix est si sensible qu'on n'en ferait rien avec des coups et qu'ils s'appliquent mieux à la mienne."*

Le parrain avait alors conseillé à son filleul d'essayer, lui aussi, du manche à balai. Mais c'est ce dont l'enfant était bien incapable, précisément à cause de son masochisme. Il avait donc répondu qu'il ne pouvait pas faire une chose pareille puisque sa mère ne pouvait pas même concevoir une révolte de sa part : *"Elle croirait que je l'apporte. Il tomberait de mes mains dans les siennes, et peut-être qu'elle me dirait merci avant de taper."*

On voit par cette phrase que Poil de Carotte internalise son bourreau au point de "savoir" que toute révolte de sa part n'a aucune chance d'être prise en compte. Plus encore : loin de se défendre, l'enfant serait de son avis ; ainsi, un jour que son parrain lui demandait s'il mangeait bien toujours à sa faim chez lui, Poil de Carotte lui avait répondu : *"Tout dépend de son appétit. Si elle a faim, je mange à sa faim. En se servant, elle me sert par-dessus le marché. Si elle a fini, j'ai fini aussi."*

L'enfant ne mangeait donc pas suivant ses besoins propres mais suivant l'appétit de sa mère et, à son parrain qui s'indignait, Poil de Carotte avait affirmé que c'était très bien ainsi, *"car il vaut toujours mieux rester sur sa faim"*.

Pourtant, une fois, Poil de Carotte s'était révolté. Pourquoi ce jour-là ? L'auteur ne nous en informe pas, et il n'y avait apparemment rien de changé dans la relation de la mère avec son fils. Et cependant Jules Renard écrit : *"C'est la première fois que Poil de Carotte lui dit non. Si encore elle le dérangeait ! S'il avait été en train de jouer ! Mais, assis par terre, il se tournait les pouces, le nez au vent."*

Sa mère en est suffoquée et appelle à grands cris : *"Ernestine, Félix, il y a du neuf ! Venez voir, avec votre père et Agathe aussi. Personne ne sera de trop."*

Inquiète, Ernestine glisse à l'oreille de son frère *"Prend garde, il t'arrivera malheur. Obéis, écoute ta sœur qui t'aime."*

Mais Poil de Carotte ne recule pas d'un pouce, alors Mme Lepic renonce : *"Puisque c'est la fin du monde renversé, dit Mme Lepic atterrée, je ne m'en mêle plus, je me retire. Qu'un autre prenne la parole et se charge de dompter la bête féroce."*

Ce passage montre bien, comme celui où grand frère Félix menaçait la mère d'un manche à balai, que les sadiques ne sadisent que ceux qui ne résistent pas. C'est même une de leurs particularités et ce qui les sépare des dominants, avec lesquels ils ont tant d'autres caractères en commun.

Lorsque le dominé se rebiffe, le dominant se bat tandis que lorsque la victime résiste, le sadique cède.

Mais, avec les faibles : Poil de Carotte, le mendiant aveugle, la vieille servante, Mme Lepic était impitoyable ; par exemple Jules Renard nous montre comment s'y prenait sa maîtresse pour se débarrasser d'Honorine, une domestique qui était au service de la famille depuis des lustres, mais qui était devenue trop âgée à son goût.

Mme Lepic avait alors décidé d'avoir une servante plus jeune et elle avait donc commencé un travail de sape ; feignant d'ignorer son âge, elle avait fait avouer à Honorine qu'elle avait soixante-sept ans et, forte de ce chiffre, elle avait voulu la persuader qu'elle n'avait plus la force de faire les gros travaux. Cela avait naturellement terrifié la malheureuse, qui se demandait ce qu'elle deviendrait, en ce temps où n'existaient ni retraite ni Sécurité sociale.

Mais Honorine avait pu faire la preuve de ses capacités à continuer son travail, puisqu'elle était encore capable de soulever la hotte pleine ou de pousser une brouette lourdement chargée. Alors Mme. Lepic avait changé son angle d'attaque et elle avait prétendu que la vieille servante n'y voyait plus assez clair pour exécuter correctement sa tâche.

"Oh ! - avait répondu Honorine - *j'y vois clair comme à mon mariage."*

Sans se laisser convaincre, sa maîtresse lui avait alors commandé de sortir une assiette du placard et elle avait prétendu y voir de la buée. Honorine s'étant défendue en disant que le placard était humide et que c'était là l'explication de la buée, Mme. Lepic lui avait aussitôt reproché autre chose : *"Y a-t-il aussi dans ce placard des doigts qui se promènent sur les assiettes ? Regardez cette trace !"*

Honorine avait regardé, écarquillant les yeux, mais n'avait rien vu.

Et le piège s'était refermé ; en effet, ou bien Honorine reconnaissait qu'elle ne pouvait pas voir cette trace de doigts (que sa maîtresse venait d'inventer) et elle aurait ainsi confirmé qu'elle devenait aveugle ; d'un autre côté, si elle avait prétendu la voir, Mme Lepic aurait eu tout loisir de l'accuser de mentir pour cacher que sa vue avait baissé.

La patronne avait ensuite achevé son travail. *"Vous ne perdez la vue ni par votre faute ni par la mienne"*, avait dit Mme Lepic qui, dans sa grande bonté, voulait bien admettre qu'Honorine ne faisait pas exprès de devenir aveugle mais qui, tout en sachant ce qui attendait la vieille servante en cas de renvoi, n'avait nullement envie de se laisser attendrir. Alors, pour prévenir toute réclamation elle avait ajouté : *"Et savez-vous encore une chose, Honorine ? Les mendiants sont plus heureux que nous, c'est moi qui vous le dis."*

Tout comme Poil de Carotte dans l'épisode "Le pot", on peut voir, dans le chapitre intitulé "Honorine", que celle-ci, façonnée par sa position masochiste, était incapable de se défendre contre le sadisme de Mme Lepic, qu'elle était incapable de refuser de se laisser enfermer dans les raisonnements en forme de cercle vicieux de son bourreau. À l'affirmation que les mendiants sont plus heureux que les bourgeois, Honorine avait répondu, *"Puisque vous le dites, je dis comme vous."*

Ce qui est particulièrement intéressant dans cet ouvrage de Jules Renard, c'est qu'il nous montre clairement comment une victime en arrive à se sadiser d'elle-même, par identification amoureuse à son bourreau. C'est-à-dire que non seulement Poil de Carotte accepte avec une sorte de plaisir que sa mère le fasse souffrir, mais aussi qu'il aide celle-ci à l'inférioriser et qu'en l'absence de contrainte de la part de son bourreau, il en arrive à s'inférioriser lui-même.

Car ce n'est pas seulement Poil de Carotte qui fait sienne la mauvaise opinion que sa mère a de lui, Jules Renard pense de même et il fait de son héros un être déplaisant au physique comme au moral.

Au physique, il a des cheveux roux, mais non pas de cette qualité de roux qui est belle (roux vénitien, acajou, etc.) mais "couleur de carotte" ; il est sale au-delà du supportable, même si l'on garde en mémoire le fait qu'à cette époque toute la France l'était ; ses vêtements sont dépareillés et sans grâce.

Au plan moral, c'est un menteur, un délateur, un lâche et un être sans cœur qui est même capable de torturer des animaux sans défense : par exemple, il achève un chat, qu'il avait lui-même déjà blessé, en lui écrabouillant la tête, *"parce que rien ne vaut la viande de chat pour pêcher les écrevisses"*. Ou encore il s'acharne sauvagement sur deux malheureuses perdrix que le fusil de son père avait mal touchées et qu'il achève sans pitié.

Dans toutes les circonstances où Poil de Carotte est montré sous son plus vilain jour, celui qui est masochiste c'est bien sûr l'auteur, qui aurait pu aisément donner le beau rôle à son double et faire en sorte que le lecteur l'aime.

Mais cela lui était impossible puisque le personnage sadique dont il était le prisonnier le contraignait à donner de lui-même une image détestable. Son tourmenteur ne se trouvait plus alors - comme du temps de Mme Lepic - dans la réalité extérieure, c'était devenu un objet interne.

Autrement dit, identifié à sa mère, Jules Renard a fait de son sosie un être sadique ; pour en donner un exemple, je rapporterai la suite de l'épisode "Honorine", suite que l'auteur a intitulée "La marmite".

C'est là un des nombreux cas où Poil de Carotte se présente sous un jour particulièrement odieux et on l'y voit prendre, contre la vieille Honorine, le parti de sa mère.

Pour une fois, en effet, Mme Lepic n'arrive pas à sadiser la servante avec ses seuls moyens ; alors Poil de Carotte devine que *"Mme Lepic a besoin d'un aide intelligent et sûr. Certes, elle ne l'avouera pas, trop fière. L'accord se fera tacitement et Poil de Carotte devra agir sans être encouragé, sans espérer une récompense."*

Et voilà ce qu'il invente : été comme hiver, une grosse marmite d'eau chauffe et bout dans la cheminée. Depuis le temps qu'Honorine s'en occupe, elle n'a même plus besoin de regarder pour savoir quand le contenu de la marmite s'est évaporé et qu'il est temps d'y jeter un seau d'eau. Elle le devine à l'oreille.

Mais un jour, alors qu'elle jette comme d'habitude le contenu d'un seau d'eau dans le récipient sans même regarder ce qu'elle fait, *"toute l'eau tombe dans le feu et un nuage de cendre, comme une bête dérangée qui se fâche, saute sur Honorine, l'enveloppe, l'étouffe et la brûle."*

Effarée, Honorine regarde dans la cheminée et constate avec stupeur que la marmite n'y est plus, ce qu'elle explique à Mme Lepic accourue. C'est la première fois que pareille chose arrive, depuis tant d'années qu'elle est au service des Lepic. *"Pourquoi qu'on me vole ma marmite sans me prévenir ?"* crie Honorine furieuse, qui se radoucit pourtant lorsqu'elle demande à Poil de Carotte si ce ne serait pas lui qui l'aurait cachée, ce qui touche l'enfant.

Alors Mme Lepic, qui sent Poil de Carotte faiblir et sa victoire lui échapper, s'interpose et vient, pour une fois, au secours de son fils. *"Comment le saurait-il, lui, un enfant irresponsable ? Rappelez-vous plutôt votre mot d'hier : 'Le jour où je m'apercevrai que je ne peux même plus faire chauffer de l'eau, je m'en irai toute seule, sans qu'on me pousse."*

L'intervention de la mère arrête naturellement sur les lèvres du fils l'aveu qu'il s'apprêtait à faire, et ce petit passage contient tout un drame sadomasochiste : par identification, - par amour pour elle - le fils est devenu aussi sadique que sa mère, et il a su trouver le point sensible qui anéantira Honorine et permettra à Mme Lepic de triompher, sans même avoir à utiliser son sadisme, puisque Honorine va se condamner d'elle-même.

Elle avait en effet choisi, comme condition pour accepter sa déchéance, ce qui était le plus invraisemblable pour elle, c'est-à-dire de ne plus même être capable de s'occuper de la marmite.

C'est là que va frapper Poil de Carotte, momentanément devenu aussi sadique que sa mère, car c'est évidemment lui qui a subtilisé la marmite après avoir entendu cette condition.

Et ainsi Honorine aura fabriqué elle-même "la corde pour se pendre".

Pris de remords cependant, et voyant se dessiner les conséquences de son acte, l'enfant est sur le point d'avouer mais, "*sous le regard froid de Mme Lepic il s'arrête court*".

Et l'on voit alors la mère triompher une fois encore car l'enfant, au mépris de toute justice et refoulant toute représentation du mal qu'il va causer à Honorine, se cherche dès lors de "bonnes" excuses : à quoi bon aider la vieille servante, se dit-il, et pourquoi dire "*c'est moi, Honorine !*". De toute façon, "*Rien ne peut sauver la vieille. Elle n'y voit plus, elle n'y voit plus. Tant pis pour elle.*"

Il va même plus loin car, prenant modèle sur sa mère, identifié à elle, il a l'inconvenance de prétendre que c'est par bonté pour la vieille servante qu'il se tait : " *Un aveu de lui ne la peinerait que davantage. Qu'elle parte et que, loin de soupçonner Poil de Carotte, elle s'imagine frappée par l'inévitable coup du sort.*"

L'ouvrage de Jules Renard nous montre encore un autre aspect important des relations sadomasochistes ; lors d'une lecture superficielle du livre, en effet, on pourrait penser que Poil de Carotte détestait sa mère ; il n'en est évidemment rien car il l'adorait en réalité d'un amour violent et tourmenté, d'une passion ambivalente dans laquelle entrait autant de haine que d'ardeur amoureuse.

Il désirait à toute force lui plaire, comme on le voit dans l'épisode de "la marmite".

Et c'est bien là un des problèmes du masochiste qui, resté désespérément accroché à une bonne mère illusoire, ne peut renoncer à ce qu'il n'a pas eu, tant il est vrai que s'il est déjà difficile de faire le deuil d'une chose délectable que l'on a possédée puis perdue, il est quasiment impossible de se détacher - sans un important travail du deuil - de ce que l'on n'a jamais eu.

Sans peut-être réellement savoir quel est le deuil qu'il n'a pas pu faire, Jules Renard comprend bien que quelque chose d'essentiel lui manque, dont l'absence fait son malheur ; Jean Giraudoux raconte, par exemple, qu'un jour où il était allé lui rendre visite, Jules Renard lui avait dit : *"Je suis malheureux. Non, tout le monde va bien chez moi. Ma femme m'aime, mes enfants sont charmants. Mes amis sont dévoués. Ma pièce a du succès. Mes livres se vendent. Le chien de la concierge aussi m'adore. La famille, l'amitié, le travail, tout me réussit. Mais je suis malheureux."*

Puis Jules Renard lui avait fait une longue liste de toutes les raisons qu'il avait d'être heureux pour conclure ensuite qu'envers et contre tout il était malheureux : *"Il n'y a pas de remède, pour que j'en arrive à vous dire à brûle-pourpoint à quel point je suis malheureux, à vous que je ne connaissais pas voilà dix minutes, c'est qu'il n'y a pas de remède."*..."*Comme vous ne reviendrez jamais me voir, je ne suis pas fâché que quelqu'un considère, en me voyant, qu'il a vu le malheur même."*[54]

Celle qui lui manque "sans remède" parce qu'il ne l'a jamais eue, c'est sa mère évidemment ; il est follement amoureux d'elle, et il écrit dans son journal, le 18 octobre 1896, c'est-à-dire à l'âge de 32 ans : *"Mme Lepic avait la manie de changer de chemise devant moi. Pour nouer les cordons sur sa gorge de femme, elle levait les bras et le cou. Elle se chauffait aussi à la cheminée en retroussant sa robe au-dessus des genoux. Il me fallait voir sa cuisse ; bâillant, ou la tête dans les mains, elle se balançait sur sa chaise."*

"Ma mère, dont je ne parle qu'avec terreur, me mettait en feu. Et ce feu est resté dans mes veines. Le jour il dort, mais la nuit il se réveille et j'ai des rêves effroyables. En présence de M. Lepic qui lit son journal et ne nous regarde même pas, je prends ma mère qui s'offre et je rentre dans ce sein dont je suis sorti. Ma tête disparaît dans sa bouche. C'est une jouissance infernale."

"Aussitôt après, nous redevenons ennemis. De ces bras dont je l'enlaçais passionnément, je la jette à terre, l'écrase ; je la piétine et je lui broie la figure sur les carreaux de la cuisine."

"Mon père, inattentif, continue de lire son journal".[55]

Jules Renard décrit bien son drame, c'est-à-dire son incapacité à dépasser l'Œdipe, ce qui le condamne à éprouver un amour pathologique pour sa mère : amour maudit, à la fois irréalisable et auquel il lui est impossible de renoncer.

---

[54] Jean Giraudoux, "Souvenir de deux existences", Grasset 1975.
[55] Jules Renard, *"Journal"*, Bernouard 1935.

"Mon père, inattentif, continue de lire son journal", écrit-il, nous offrant ainsi l'autre clé qui explique le malheur de Poil de Carotte. Car l'indifférence du **mari** envers sa femme est le deuxième élément qui bloque le travail œdipien de l'enfant : en ne s'affirmant pas clairement en tant que "possesseur" de sa mère, il empêche le renoncement du fils.

À quelques jours de sa mort, c'est encore à cette mère que pense Jules Renard à et elle qu'il rêve de rejoindre ; il sait qu'il va mourir et il écrit dans son *"Journal"* : *"Madame Lepic attend"*.

C'est une phrase elle aussi très ambivalente, car on sent bien qu'il ne s'agit pas d'une tendre mère qui attend son enfant pour l'aider à franchir le passage ; on se la représente plutôt comme l'ogresse qui le mettait en feu et dont il disait : *"Ma tête disparaît dans sa bouche. C'est une jouissance infernale."*

Mais nous savons aussi qu'au-delà de la terreur qu'inspire une telle image, c'est précisément cela que désirait son fils : *"Ma tête disparaît dans sa bouche, c'est une jouissance infernale."*

Dans son journal, Jules Renard indique qu'il a pu se décider à écrire "Poil de Carotte" uniquement à cause des attaques de sa mère contre sa femme Marinette, attaques d'une violence inouïe : elle l'insultait, la traitait d'étrangère, refusait qu'elle l'appelle maman, oubliait de mettre son couvert à table et lui donnait des fourchettes sales ; elle s'écrasait aussi contre le mur lorsqu'elles se croisaient dans un couloir, pour ne pas même l'effleurer quand elle passait près d'elle et elle poussait à tout bout de champ de grands soupirs, disant que si le chagrin tuait elle serait morte.

Jules Renard voyait la raison de cette attitude dans le fait que son père aimait bien Marinette. Il donne en effet pour cause du sadisme de Mme Lepic le fait que son mari ne l'aimait plus depuis longtemps et il nous fait sentir le chagrin de la terrible mégère dans son *"Journal"* et dans certains passages de son livre : dans le chapitre intitulé "La mie de pain", par exemple, il nous décrit la famille Lepic en train de déjeuner : comme de coutume le silence est épais autour de la table car personne ne souffle mot. Or, ce jour-là, rompant avec une habitude bien établie, Mme Lepic avait demandé à son mari de lui passer un morceau de mie de pain. "*Le plus souvent, Mme Lepic se sert seule et elle ne parle qu'au chien. Elle le renseigne sur le prix des légumes et lui explique la difficulté, par les temps qui courent, de nourrir avec peu d'argent six personnes* (la sixième étant la servante) *et une bête.*"

Or cette fois, à la stupeur générale, Mme Lepic "*s'adresse à M. Lepic d'une manière directe*". Alors se noue le drame : "*Étonné, il hésite puis, du bout des doigts il prend au creux de son assiette une mie de pain et sérieux, noir, il la jette à Mme Lepic.*"

Devant cette scène, Poil de Carotte, la gorge serrée, s'étouffe et pense qu'il va mourir si sa mère ne quitte pas aussitôt la table, "*parce qu'au nez de ses fils et de sa fille on la traite comme la dernière des dernières !*"

François Renard, le père de Jules, lui avait fait une confidence terrible à connaître pour un fils ; il lui avait appris que, n'ayant jamais eu d'amour pour sa femme, il n'avait en outre plus éprouvé le moindre désir pour elle à partir du moment où Jules s'était annoncé.

Et le père avait ajouté : "*Oh toi, tu es venu sans que je le veuille.*"

Jules Renard note dans son "*Journal*" en 1897 (il a alors 33 ans) : "*Combien de fois mon père a-t-il eu envie de l'étrangler quand elle entrait dans sa chambre pour prendre un torchon dans le placard ! Puis elle sortait et rentrait pour remettre le torchon. Il avait fait sceller le placard.*" Et il avait aussi scellé sa bouche, car il n'adressait jamais la parole à sa femme.

Pourtant, ajoute Jules Renard, "*s'il lui disait un mot, elle lui sauterait au cou avec une crise de larmes et, vite, elle irait répéter ce mot à tout le village. Mais ce mot, il y a trente ans qu'il ne le dit plus.*"

Et il conclut qu'on peut comprendre, dans de telles circonstances, "*qu'elle ait perdu la tête et passé sa rage sur la première victime venue, surtout lorsque cette victime a sa part de responsabilité - bien involontaire, ce qui est encore plus exaspérant - dans le supplice.*"

Il était parfaitement placé pour comprendre une telle réaction devant le non-amour de l'être qu'on aime : c'était sa propre histoire qui resurgissait devant lui ! Avec la différence que, pour lui, cette "autre victime qui a sa part de responsabilité" et sur laquelle il s'acharne, c'est lui-même.

On voit cependant très bien, dans ce passage, que le fils s'efforce de trouver des excuses au manque de tendresse de sa mère. Par amour pour elle, mais aussi parce que cela le soulagerait de ne plus être le seul responsable de ce non-amour, le seul "coupable", son père portant désormais sa part de cet échec.

Je pense cependant que la haine de Mme Renard pour sa belle-fille n'avait pas pour seule cause l'intérêt que lui portait son mari - nous savons que M. Lepic n'était pas fidèle et que Mme Lepic avait bien été obligée de l'accepter - mais que cette haine avait aussi une autre origine ; l'ambivalence est toujours présente et je pense que, en mère possessive, Mme Renard était jalouse de sa bru.
Il lui avait été évidemment impossible d'ignorer la passion que lui vouait son fils, et s'en voir dépossédée, même partiellement, ne pouvait qu'exciter sa fureur : perdre son emprise sur son fils, après avoir perdu celle qu'elle avait eue sur son mari, devait forcément lui être insupportable.
La haine est aussi une passion et il me semble vraisemblable que Mme Lepic ait été aussi accrochée à son fils que Poil de Carotte était soudé à sa mère.[56]
Mais un interdit absolu empêchait Jules Renard de même effleurer l'idée d'une telle possibilité : comment prévoir, en effet, jusqu'où eût pu le mener, avec l'amour fou qu'il vouait à sa mère, une telle supposition ? Et il ne faut pas non plus oublier que Jules Renard était un masochiste qui avait "choisi" la souffrance d'être rejeté par sa mère comme mode de satisfaction.

Je pense cependant que si les circonstances et la haine passionnelle de Mme Renard n'avaient pas permis à son fils de l'avoir à lui quand il était un enfant, Jules, devenu adulte, l'avait faite sienne

---

[56] Dans l'épisode "Les lapins", Mme Lepic dit à Poil de Carotte : *"Il ne reste plus de melon pour toi ; d'ailleurs, tu es comme moi, tu ne l'aimes pas."* Il s'agit bien sûr de priver l'enfant de ce qu'il aime, mais s'identifier à quelqu'un montre une proximité inconsciente et Mme Lepic aurait pu trouver toutes sortes d'autres raisons pour interdire le melon à son fils que celle qui le faisait semblable à elle.

pour toujours : en créant le personnage de la féroce Mme Lepic, il l'avait à jamais rendue inséparable de Poil de Carotte.

CHAPITRE II

Honoré de Balzac : Le Père Goriot

"Poil de Carotte" montrait le cas d'un enfant sadisé par sa mère.

"Le Père Goriot" nous fait la description d'un père martyrisé par ses enfants.

Poil de Carotte était dans une position masochiste avant même d'exciter le sadisme de Mme Lepic, ce qui en avait fait un masochiste. Le Père Goriot[57] ne l'était nullement avant de s'occuper de ses filles : il présente un de ces cas composites où, dominant au plan professionnel, un individu est dominé au plan affectif.

Le contraire existe aussi et on voit bien souvent des tyranneaux domestiques filer doux devant leur patron ou leurs collègues plus dominateurs.

Goriot, quant à lui, était un dominant en toutes choses sauf en ce qui concernait ses filles : parti de rien, il avait fait fortune en tant

---

[57] Honoré de Balzac, *"Le Père Goriot"*, 1834. Les citations en italique et entre guillemets sont tirées de cet ouvrage, sauf mention. J'ai déjà utilisé ce roman si subtil pour illustrer l'impossibilité de certains parents à faire le deuil de l'enfant parfait ; je reprends ici, d'un autre point de vue, certains des passages publiés dans *"Travail du deuil, travail de vie"*, L'Harmattan 1998. *"Le Père Goriot"* est tellement riche et complexe qu'il peut servir de base à bien des recherches.

que fabricant de pâtes, et faire fortune exclut totalement le masochisme.

Balzac nous le montre d'ailleurs dur en affaires et même sadique dans sa vengeance ; un jour, par exemple, un de ses concurrents lui avait fait croire que sa fille Delphine venait d'être renversée par une voiture ; il n'en était rien, car l'homme n'avait inventé cette fable que pour rester seul maître du "Marché des Grains" où une vente importante devait avoir lieu ce jour-là.

On savait l'amour que le vermicellier portait à ses enfants et, en effet, celui-ci avait aussitôt quitté la halle pour accourir au chevet de sa fille. Or, bien qu'il eût été rassuré en constatant de ses yeux que Delphine était en parfaite santé, l'amour qu'il lui vouait était si intense que le choc l'avait rendu malade et qu'il avait dû garder la chambre pendant plusieurs jours.

Goriot n'avait rien manifesté après être retourné au travail et il avait même semblé avoir tout oublié jusqu'au moment où on s'aperçut soudain qu'il avait réussi à acculer son concurrent malhonnête à la faillite.

La folle passion paternelle de Goriot nous semble absolument hors du commun et pourtant, nous dit Balzac, ce n'est pas un personnage inventé. Sans être un compte-rendu de cas, ce livre est cependant plus qu'un roman ; c'est ce que Balzac lui-même a précisé en disant qu'il avait connu bien des parents de cette sorte : *"Ah, sachez-le"*, écrit-il, *"ce drame n'est ni une fiction ni un roman. All is true. Il est si véritable que chacun peut en reconnaître les éléments chez soi, dans son cœur peut-être."* Et je pense en effet que si l'on regarde attentivement autour de soi on trouvera bien des cas de cette sorte ; peut-être moins visibles, moins ostensiblement affirmés mais, d'une certaine façon, assez semblables à celui du Père Goriot.

Le romancier nous présente son héros comme un homme fruste, que sa femme très aimée aurait peut-être pu raffiner si elle n'était pas morte prématurément. Mais, resté seul avec ses filles Anastasie et Delphine, le père Goriot, qui était demeuré inconsolable, avait reporté sur elles tout l'amour qu'il n'avait pas pu suffisamment exprimer à son épouse.

Il s'était par ailleurs sûrement senti responsable de cette mort, puisqu'on se sent toujours coupable de n'avoir pas aimé assez fort pour sauver l'être chéri. Il avait donc reporté tout son amour sur leurs filles, et il avait soulagé sa culpabilité en les aimant à la fois pour lui-même et pour leur mère.

Il avait ainsi hypertrophié son amour paternel à tel point que celui-ci avait fini par représenter toute sa pulsion érotique : Goriot ne s'était pas remarié et n'avait pas de maîtresse ; comme il le dit lui-même, ses filles lui tenaient lieu d'amantes et il n'avait besoin de rien d'autre puisque, comme l'écrit Balzac, "*Goriot mettait ses filles au rang des anges, et nécessairement au-dessus de lui, le pauvre homme ! Il aimait jusqu'au mal qu'elles lui faisaient.*"

Tout inculte qu'il fût lui-même, le vermicellier avait tenu à donner à ses filles bien-aimées ce qu'il croyait être la meilleure des éducations possibles, c'est-à-dire celle des femmes de la haute société, les préparant ainsi à faire partie de ce monde des nobles qui lui paraissait être le plus merveilleux et le plus enviable.

Or, aucun comte ou baron n'aurait un seul instant consenti à épouser la fille d'un simple commerçant sauf, évidemment, si une dot conséquente n'était venue rebleuir un sang terni par un mariage si peu glorieux.

Goriot avait donc consacré une importante partie de ses biens à l'établissement de ses filles, qu'il avait richement dotées afin de leur permettre de trouver un mari dans les plus hautes sphères de la société ; il avait ensuite, et a regret, pris sa retraite pour ne pas imposer à ses gendres un beau-père simple commerçant.

Ses filles ainsi mariées - l'une, Anastasie, à l'aristocratique comte Restaud et l'autre, Delphine, au riche banquier baron Nucingen -, il avait continué à leur offrir tout ce qu'elles pouvaient désirer, de telle sorte que vint un moment où ne lui est plus resté assez d'argent pour aller vivre dans un lieu huppé.

Aussi s'était-il installé dans un quartier sordide et dans une pension plus que modeste : la pension Vauquer. Il avait cependant pu, en un premier temps, en occuper le meilleur appartement, qu'il avait en outre garni de meubles solides et dont il avait rempli les armoires de belle argenterie et de vêtements de qualité.

Mais de tels sacrifices s'étaient vite révélés insuffisants, et Balzac nous montre Goriot renonçant peu à peu à tous les agréments de la vie et se privant de tout, pour constamment pouvoir offrir à ses enfants ce qu'elles lui réclamaient.

On sent bien que l'auteur pousse ses lecteurs à aimer et à admirer Goriot, et on ne peut s'empêcher d'éprouver beaucoup de compassion et de tristesse à son égard, tout en remarquant cependant que c'est autant l'amour forcené que leur porte leur père que l'avidité des filles qui sont responsables de cette situation.

Le roman raconte en effet la lente déchéance du bonhomme qui, non content d'avoir aliéné la majeure partie de sa fortune pour doter ses filles, n'a pas hésité à continuer à se dépouiller pour payer les dettes qu'elles accumulaient par frivolité, par égoïsme et par sottise, et tout cela pour arriver à ce but, suprême à leurs yeux : briller et se faire accepter dans une société qui n'était pas la leur ; c'est-à-dire, en somme, par ce que nous appelons snobisme.

On voit ainsi "Monsieur Goriot", d'abord considéré comme un riche retraité par ses colocataires de la pension Vauquer, être désigné par eux sous le nom de "Père Goriot" puis devenir leur souffre-douleur au fur et à mesure qu'ils le voient renoncer au meilleur appartement de la pension pour ensuite monter, d'étage en étage et, après avoir vendu jusqu'à ses habits, finir dans le plus misérable de ses galetas.

En un premier temps, écrit Balzac, *"Il y avait d'abord pris l'appartement occupé par Madame Couture et donnait alors douze cents francs de pension, en homme pour qui cinq louis de plus ou de moins étaient une bagatelle"*. À cette époque d'ailleurs, Mme Vauquer - l'hôtelière - ne laissait pas d'admirer les deux épingles garnies de gros diamants que son hôte portait à son jabot de dentelle, sa lourde chaîne en or et sa tabatière faite du même métal.

Puis, l'opinion de la patronne et des pensionnaires avait peu à peu commencé à changer : *"Peut-être l'insouciante générosité que mit à se laisser attraper le père Goriot, qui vers cette époque était respectueusement nommé monsieur Goriot, le fît-elle considérer comme un imbécile, qui ne connaissait rien aux affaires."*

Enfin, après qu'il eut vendu ses bijoux et renoncé au bel appartement, tous se mirent à critiquer Goriot.

En effet, ainsi que je l'ai déjà indiqué, on trouve constamment de telles attitudes (mêlées parfois à une sorte d'admiration étonnée) lorsqu'on étudie les réactions de l'entourage devant une position masochiste - position qui était inévitablement devenue aux yeux de tous celle de Goriot - car celle-ci ne peut qu'exciter la composante sadique de chacun, sadisme que seul un Surmoi solide peut permettre de contenir. Or, comme presque toujours, ce n'était pas le cas de la majorité des pensionnaires de la pension Vauquer.

Delphine et Anastasie avaient, elles aussi, ce type de réaction et, loin d'être reconnaissantes envers leur père, elles n'avaient plus aucune considération pour lui. En effet, l'amour paternel masochiste de Goriot leur permettait d'une part de croire que tout leur était dû et d'autre part les incitait à avoir honte de ce père roturier, qu'elles ne recevaient chez elles, et en cachette, que lorsqu'elles voulaient en obtenir quelque chose.

Car, pensaient-elles, (et peut-être pas à tort), si elles le reconnaissaient publiquement pour père, leurs aristocratiques amis sauraient de quel milieu elles sortaient et en feraient des gorges chaudes ; ils ne les considéreraient plus alors que comme des bourgeoises, ce qui, en ces temps et en ce milieu, leur aurait valu une sorte d'exclusion.

Dès le début de son ouvrage, Balzac nous laisse entendre que, sottes et sans cœur comme elles l'étaient, leur histoire devait forcément mal se terminer et que le brave Goriot finirait par en mourir de chagrin. Et cela plus encore à cause de leur déconfiture - que malgré tous ses sacrifices il ne pourrait leur éviter - qu'à cause de leur dureté à son égard.

Il semblait en effet ne rien percevoir de la lâche indifférence de ses filles, il niait l'existence du moindre défaut chez elles et il acceptait donc avec joie leurs comportements les plus condamnables, car il les transformait en qualités.

Le père Goriot représente en effet le prototype de l'amour absolu, de cet amour que le parler populaire qualifie à juste titre de "fou", puisqu'il envahit toute la personne qui en est la proie. Un tel sujet n'a pas pu réussir son individuation et il n'existe pas en tant que personne séparée. C'est ce qui est arrivé à Goriot, qui n'est rien d'autre qu'une partie, minime et sans importance, de ses filles.

Par exemple, à Rastignac qui lui demandait comment il pouvait accepter de vivre dans un galetas alors que ses filles vivaient si fastueusement, Goriot avait répondu : *"À quoi me servirait d'être mieux ? Ma vie, à moi, est dans mes deux filles. Si elles s'amusent, si elles sont heureuses, bravement mises, si elles marchent sur des tapis, qu'importe de quel drap je sois vêtu et comment est l'endroit où je me couche ? Je n'ai point froid si elles ont chaud, je ne m'ennuie jamais si elles rient. Je n'ai de chagrins que les leurs."*

La deuxième partie du livre relate donc les derniers jours du père Goriot, sa lente descente en enfer dont la douleur, - provoquée par l'indifférence de ses filles - était telle qu'elle l'avait obligé, pour de courts instants, à les voir sous leur vrai jour.

Mais ensuite, l'insupportable souffrance que lui causait une telle représentation l'avait contraint à retourner à son masochisme et à son déni, le forçant à croire et à proclamer que ses filles étaient des anges et qu'elles l'aimaient.

Cette deuxième partie commence lorsqu'on voit Goriot vendre peu à peu tous ses biens, ce qui incite les autres pensionnaires à lui attribuer les pires vices et les plus infâmes débauches : *"Malheureusement, à la fin de la deuxième année, monsieur Goriot justifia les bavardages dont il était l'objet en demandant à Madame Vauquer de passer au second étage et de réduire sa pension à neuf cents francs. Il eut besoin d'une si stricte économie qu'il ne fit plus de feu chez lui pendant l'hiver. Madame Vauquer voulut être payée d'avance, à quoi consentit monsieur Goriot que dès lors elle nomma le père Goriot."..."Vers la fin de la troisième année, le père Goriot réduisit encore ses dépenses, en montant au troisième étage et en se mettant à quarante-cinq francs de pension par mois. Il se passa de tabac, congédia son perruquier et ne mit plus de poudre."..."Quand son trousseau fut usé, il acheta du calicot à quatorze sous l'aune pour remplacer son beau linge. Ses diamants, sa tabatière d'or, sa chaîne, ses bijoux disparurent un à un. Il avait quitté l'habit bleu barbeau, tout son costume cossu, pour porter, été comme hiver, une redingote de drap marron grossier, un gilet en poil de chèvre et un pantalon gris en cuir de laine. Il devint progressivement maigre ; ses mollets tombèrent ; sa figure, bouffie par le contentement d'un bonheur bourgeois, se vida démesurément ; son front se plissa, sa mâchoire se dessina."*

Et le bon vermicellier d'une soixantaine d'années, qui jusque-là en paraissait quarante, désormais *"semblait être un septuagénaire hébété, vacillant, blafard"*.

Confrontés à une telle position masochiste (et non pas identifié comme "masochiste", i.e. comme *"le meilleur des hommes"* qui se sacrifiait pour ses enfants), les autres pensionnaires supposèrent donc qu'il gaspillait tout son argent pour satisfaire d'affreux vices et se mirent à le mépriser et à se moquer de lui.

Mais à la pension Vauquer, à côté du tout-venant, habitaient également deux personnages étonnants : Rastignac, un jeune étudiant noble et honnête mais désargenté, et Vautrin, secrètement surnommé Trompe-la-Mort, un criminel de haut vol. Ces deux personnages étant à la fois en absolue opposition entre eux et complémentaires : Rastignac, jeune homme de bons sentiments, qui ne savait rien de la vie ni de la société, et Vautrin, incarnation de la violence et du mal, qui en connaissait tous les méandres les plus infâmes.

Vautrin, avec son habileté à reconnaître le mal le mieux caché, avait bien su lire dans l'âme de Goriot une passion sans frein, mais en se trompant sur l'objet de cette passion. Car ces femmes qu'il aimait jusqu'à se ruiner pour elles, ce n'étaient pas, comme le croyait Vautrin, des amantes mais bien ses enfants.

Il est intéressant de noter ce que donne à entendre une pareille erreur, car elle nous offre un aperçu du dérèglement psychique de Goriot, que Vautrin décrit ainsi à Rastignac : *"Vous êtes encore trop jeune pour bien connaître Paris, vous saurez plus tard qu'il s'y rencontre ce que nous nommons des hommes à passions... Eh bien, ces gens-là chaussent une idée et n'en démordent pas. Il n'ont soif que d'une certaine eau prise à une certaine fontaine, et souvent croupie ; pour en boire, ils vendraient leurs femmes, leurs enfants ; ils vendraient leur âme au diable. Pour les uns cette fontaine est le jeu, la Bourse, une collection de tableaux ou d'insectes, la musique ; pour d'autres c'est une femme qui sait leur cuisiner des friandises. À ceux-là, vous leur offririez toutes les femmes de la terre, ils s'en moquent, ils ne veulent que celle qui satisfait leur passion. Souvent cette femme ne les aime pas du tout, vous les rudoie, leur vend fort cher des bribes de satisfaction ; eh bien ! mes farceurs ne se lassent pas et mettraient leur dernière couverture au Mont-de-Piété pour lui apporter leur dernier écu. Le père Goriot est un de ces gens-là."*

Parmi les passions que décrit Vautrin et que nous appellerions des addictions, il y a celle que le masochiste éprouve pour son tourmenteur ; loin de reprocher quoi que ce soit à ses filles (Vautrin, qui sait de quoi il parle, le dit justement : *"Eh bien ! mes farceurs ne se lassent pas"*), le masochiste Goriot se dépouille de tout pour elles, leur épargnant même l'effort d'avoir à demander.

Delphine et Anastasie sont en effet tellement idéalisées par leur père qu'il ne peut leur trouver nul défaut : pour lui, ses filles sont parfaites et tout ce qui est bien, beau et bon est de leur côté, tandis que le côté sombre de la nature humaine lui est presque exclusivement réservé ou est parfois attribué à ses gendres.

À Rastignac, qui s'est fait exclure du salon de la comtesse de Restaud (Anastasie) pour avoir seulement fait allusion devant elle à Goriot, celui-ci dit : *"Mon cher Monsieur, comment avez-vous pu croire que Madame de Restaud vous en ait voulu d'avoir prononcé mon nom ? Mes deux filles m'aiment bien. Je suis heureux père. Seulement mes gendres se sont mal conduits envers moi. Je n'ai pas voulu faire souffrir ces chères créatures de mes dissensions avec leurs maris, et j'ai préféré les voir en secret. Ce mystère me donne mille jouissances que ne connaissent pas les autres pères qui peuvent voir leurs filles quand ils veulent."*

Il affirme donc que c'est lui qui a choisi de ne pas les voir et il peut ainsi continuer à prétendre - et à croire - qu'elles sont de bonnes petites, qu'elles l'aiment filialement, et qu'elles lui procurent même des joies supérieures à celles des pères ordinaires.

Pour convaincre Rastignac (pour se convaincre lui-même peut-être), il affirme que les contempler de loin lui suffit amplement. Aussi, lorsqu'il fait beau, il va les voir passer aux Champs-Elysées, ce qui lui réjouit le cœur ; il explique : *"N'est-ce pas mon sang ? J'aime les chevaux qui les traînent et je voudrais être le petit chien qu'elles ont sur leurs genoux. Je vis de leurs plaisirs."*

Et le soir il les attend, caché dans une embrasure et parfois jusqu'à trois heures du matin, dans l'espoir de les voir rentrer du bal ; ce qui serait une mince satisfaction pour un autre est si intense pour lui qu'un soir, où il a eu la chance de les apercevoir il dit que devant une telle joie : *"J'ai manqué en crever d'aise"*.

Et il supplie Rastignac de penser comme lui-même : *"Je vous en prie, ne parlez de moi que pour dire combien mes filles sont bonnes. Elles veulent me combler de toutes sortes de cadeaux ; je les en empêche, je leur dis : Gardez donc votre argent ! Que voulez-vous que j'en fasse ? Il ne me faut rien. En effet, cher Monsieur, que suis-je ? Un méchant cadavre dont l'âme est partout où sont mes filles."*

Il n'existe pas par lui-même, il ne vit que par et pour ses filles.

On voit bien là le mécanisme, mis en place par Goriot, qui finit par causer sa propre mort et sa ruine, ainsi d'ailleurs que celle de ses filles car, en ne mettant nul frein au principe de plaisir, il les a privées de toute protection contre la réalité.

Ce que ne manquent d'ailleurs pas de lui reprocher les charmantes enfants : *"Pouvais-je empêcher qu'il ne vît enfin les suites naturelles de nos déplorables mariages ? Pourquoi ne les a-t-il pas empêchés ? N'était-ce pas à lui de réfléchir pour nous ?*

À leurs yeux, c'est évidemment leur père qui est l'unique responsable de ces désastres, car elles "oublient" que leur mariage n'est devenu déplorable que parce que, déjà follement dépensières, elles ont de plus entretenu d'aristocratiques amants tout aussi frivoles et dépensiers.

On retrouve ainsi le système des sadiques, qui projettent toutes leurs fautes sur celui qu'ils sadisent, et également leur art de se trouver des excuses : *"Aujourd'hui, je le sais, il souffre autant que nous ; mais que pouvions-nous y faire ? Le consoler ! nous ne le consolerions de rien. Notre résignation lui ferait plus de douleur que nos reproches et nos plaintes ne lui causeraient de mal."*

[Souvenons-nous de Poil de Carotte : *"Rien ne peut sauver la vieille. Elle n'y voit plus, elle n'y voit plus. Tant pis pour elle. Un aveu de lui ne la peinerait que davantage."*]

En l'absence de toute information sur l'enfance de Goriot, on peut supposer que c'est sa culpabilité à la suite du décès prématuré de sa femme qui a déclenché son masochisme, ensuite entretenu par le sadisme que celui-ci avait induit chez ses filles.

Nous trouvons chez le vermicellier tous les ingrédients du masochisme : à la culpabilité initiale viennent s'ajouter le déni, l'omnipotence et le narcissisme.

Le déni : contre toute réalité il persiste à affirmer - et à croire - que ses filles sont bonnes et l'aiment.

L'omnipotence : si elles sont belles, bonnes, brillantes et bien mariées, c'est parce qu'il l'a voulu, c'est parce qu'il a fait tous les sacrifices nécessaires pour parvenir à son but.

Le narcissisme : c'est parce qu'elles sont de son sang : *"Je veux mes filles ! je les ai faites ! elles sont à moi !"* Plus encore, elles ne sont pas seulement à lui, elles sont lui, qui ne serait qu'un *"méchant cadavre"* si son âme devait défusionner de celle de ses filles.

Freud écrit : *"Si l'on considère l'attitude de parents tendres envers leurs enfants, l'on est obligé d'y reconnaître la reviviscence et la reproduction de leur propre narcissisme qu'ils ont depuis longtemps abandonné. Un bon indice, que nous avons déjà apprécié comme stigmate narcissique dans le choix d'objet : la surestimation, domine, c'est bien connu, cette relation affective. Il existe ainsi une compulsion à attribuer à cet enfant toutes les perfections, ce que ne permettrait pas la froide observation, et à cacher et oublier tous ses défauts."*[58]

Cette citation nous permet de mieux comprendre comment s'est formé le sadomasochisme qui régit la relation de Goriot avec ses filles. Depuis leur petite enfance et tout au long de sa vie, Goriot a

---

[58] Freud, "Pour introduire le narcissisme", in *"La vie sexuelle"*, P.U.F. 1970.

constamment affirmé qu'il n'était rien lui-même, qu'elles seules existaient ; à elles appartenait de droit tout ce qui est bon : les biens matériels, les hôtels particuliers somptueux, la vie mondaine fastueuse, les bijoux, les vêtements et les attelages magnifiques, mais aussi toutes les qualités morales : la bonté, la bonne éducation, la douceur, la sensibilité artistique, tandis que nul défaut ne venait ternir de telles merveilles. Tout le côté sombre, Goriot se l'était attribué, se voyant comme un rustre, un homme sans éducation qui peut se contenter de la sordide pension Vauquer ; un être sans qualités qui ne possède pas même une âme à lui (puisqu'elle est toute entière dans ses filles) et qu'on peut donc à bon droit dédaigner et humilier constamment, comme le font Delphine et Anastasie. Puis, après leur mariage, leurs maris et enfin, comme finissent par le faire, tous les locataires de la pension Vauquer.

Nous sommes donc là confrontés à un masochisme porté à son plus haut niveau ce qui, comme je l'ai montré, déclenche pratiquement à coup sûr le sadisme de l'autre. Aussi peut-on dire que les deux filles Goriot ne font rien d'autre que se conformer à ce que leur père leur a seriné depuis toujours, à savoir qu'il n'était rien et qu'elles avaient tous les droits.

Comme toujours, elles ne manquent d'ailleurs pas de lui en faire le reproche puisque aussi bien, il doit avoir tous les torts.

Par exemple, tandis qu'il s'accuse : *"Mon Dieu, que t'ai-je fait ? Ma fille livrée à ce misérable, il exigera tout d'elle s'il le veut. Pardon ma fille !"*, sans tenir aucun compte de l'amour ni des bonnes intentions de son père, Delphine répond : *"Oui, si je suis dans un abîme il y a peut-être de votre faute. Nous avons si peu de raison quand nous nous marions ! Connaissons-nous le monde, les affaires, les hommes, les mœurs ? Les pères devraient penser pour nous."*

Or Goriot est tout à fait du même avis et son masochisme s'exprime avec force en de nombreux passages ; par exemple, tandis qu'il est mourant, il est persuadé que la présence de ses filles le guérirait ; mais celles-ci, occupées à leurs divertissements et mondanités ne viennent pas à son chevet ; alors il s'exclame : *"Venez, mes chéries, venez me baiser, un dernier baiser, le viatique de votre père qui priera Dieu pour vous, qui lui dira que vous avez été de bonnes filles, qui plaidera pour* vous ! *Après tout, vous êtes innocentes. Elles sont innocentes, mon ami !* (Rastignac est venu le soutenir dans l'épreuve.) *Dites-le bien à tout le monde, qu'on ne les inquiète pas à mon sujet. Tout est de ma faute, je les ai habituées à me fouler aux pieds."*[59]*..." Moi seul ai causé les désordres de mes filles, je les ai gâtées. Elles veulent aujourd'hui du plaisir, comme elles voulaient autrefois du bonbon... moi seul suis coupable."*

Pour mieux saisir les ressorts profonds d'une telle attitude, il faut repérer le fantasme d'omnipotence caché dans ce masochique *"moi seul suis coupable"* ; comme le dit Florence Guignard : *"La clinique psychanalytique quotidienne amène inéluctablement et répétitivement à constater que, quel qu'en soit le contexte, le masochisme est toujours un refus de reconnaître le principe de réalité. Niant l'altérité, le masochiste prétend y substituer un fantasme omnipotent de possession de l'Interne par l'Externe, tout comme le sadique y substituera un fantasme de possession de l'Externe par l'Interne."*[60]

Parvenu au seuil de la mort à cause des chagrins que lui causent ses filles, Goriot refuse encore de mourir, reste accroché à la vie uniquement pour ne pas être séparé d'elles : *"Je ne voudrais pas mourir, pour ne pas les faire pleurer. Mourir mon bon Eugène,* (Rastignac), *c'est ne plus les voir. Là où on s'en va, je m'ennuierai bien. Pour un père l'enfer, c'est d'être sans enfants."*

Puis, lorsque il est obligé d'admettre qu'elles ne viendront pas, on voit soudainement naître en lui une lutte sans merci entre la pulsion érotique et la pulsion de destruction : parfois Goriot en arrive à voir ses filles comme elles sont réellement, mais cela aggrave encore sa souffrance.

Alors, incapable de supporter cette réalité qui ruine son narcissisme omnipotent et ce en quoi il a cru toute sa vie, la pulsion érotique reprend le dessus et il recommence à dire qu'elles sont des anges et lui une bête brute.

Par exemple, sous la violence de la douleur que lui cause leur absence au moment de la mort, il désinvestit ses filles qui lui apparaissent alors dans toute leur médiocrité : *"L'argent donne tout, même les*

---

[59] C'est exactement ce que disait Geneviève au sujet de ses enfants.
[60] Florence Guignard, *"Epître à L'objet"*, P.U.F. 1997.

filles. Ah, mon argent, où est-il ? Si j'avais des trésors à leur donner, elles me panseraient, elles me soigneraient ; je les entendrais, je les verrais... Ma foi qui sait ? Elles ont toutes les deux des cœurs de roche. J'avais trop d'amour pour elles pour qu'elles en eussent pour moi. Un père doit toujours être riche, il doit tenir ses enfants en bride comme des chevaux sournois."

Rastignac lui dit alors que si ses filles ne viennent pas, bien qu'elles aient été prévenues de l'état de leur père, il ira les chercher lui-même ; mais Goriot n'y croit plus : *"Si elles ne viennent pas ? Mais je serai mort, mort dans un accès de rage ! La rage me gagne ! En ce moment je vois ma vie entière. Je suis dupe ! Elles ne m'aiment pas, elles ne m'ont jamais aimé ! Cela est clair."*

Mais cependant ses derniers mots, au moment de mourir et après avoir encore béni ses filles, sont *"Ah !, mes anges"*. Et Balzac conclut : *"Deux mots, deux murmures accentués par l'âme qui s'envola sur cette parole."*

Si, à la lecture du roman, notre sympathie va tout naturellement à Goriot, on peut dire : malheureux père mais, aussi, malheureuses filles auxquelles a manqué une élément essentiel. *"Pour participer à la croissance psychique de celui qui le réintrojecte, les éléments psychiques de l'Externe doivent également pouvoir proposer au sujet un niveau d'organisation pulsionnel plus complexe, dont la structure œdipienne adulte du psychisme maternel constitue le prototype. Lorsque l'Externe ne propose pas d'éléments psychiques ou que ceux-ci sont par trop inadéquats, il s'installe, en lieu et place des traces mnésiques et des éléments du moi et de l'objet interne, des concrétions traumatiques sans sens, qui n'ont aucune valence développementale et qui vont faire gravement obstacle à tout déplacement ultérieur de l'investissement pulsionnel"* [61], écrit Florence Guignard.

Or il est bien évident que *"la structure œdipienne adulte du psychisme maternel"*, dont Florence Guignard souligne la nécessité, a manqué à Delphine et Anastasie. Pour elles, Goriot a joué tous les rôles, maternel et paternel, mais malheureusement aussi dépourvus l'un que l'autre d'un trop grand nombre d'éléments psychiques adéquats.

---

[61] Florence Guignard, *op. cit.*

Plusieurs de mes patients m'ont persuadée de la justesse du récit de Balzac, une fois pris en compte ce qui concerne (peut-être) l'exagération romanesque. Aussi, lorsqu'il affirme que tout ce qu'il rapporte est vrai et qu'il l'a souvent constaté, je ne puis que l'approuver.

Ce que Balzac montre bien et qui me semble essentiel, c'est que le parent en question doit être inconsciemment persuadé qu'il ne vaut rien ; il n'est pas nécessaire que cela soit exprimé par des mots, il suffit que ce soit "une intime conviction".

En effet, certains comportements de parents "suffisamment bons" et très oblatifs peuvent paraître, à un niveau superficiel, assez proches de ces parents qui offrent tout ce qu'ils ont de bon à leurs enfants. Or ils en sont différents pour l'essentiel, parce que, tout en donnant beaucoup, ils ne nient pas leur droit de garder de bonnes choses pour eux et d'avoir une existence convenable.

Une patiente, qui était dans cette situation douloureuse, me disait avec désolation qu'elle n'arrivait pas à comprendre comment il pouvait se faire qu'ayant tant aimé son enfant, et lui ayant toujours donné ce qu'elle avait de meilleur, il était cependant d'une si profonde indifférence à son égard.

Le cas de cette patiente est représentatif, car si elle avait été, depuis sa petite enfance, "la mère de sa mère", **elle n'avait jamais été reconnue par elle comme aimante et dévouée**. Sa mère, qui se sentait malheureuse et qui était souvent malade, la rendait même, au mépris de toute réalité, responsable de ses maladies et de tous ses malheurs.

Or une reconnaissance de son amour et de son dévouement eût été une compensation narcissique qui aurait permis à ma patiente de sentir qu'elle aussi **valait quelque chose**.

Je pense que, à l'inverse des parents simplement convenables, ceux qui ressemblent à Goriot mettent par identification projective toutes leurs bonnes parties dans leurs enfants ; ils empêchent ainsi la position dépressive de ceux-ci d'évoluer normalement, ce qui provoque une diminution importante de leurs possibilités oblatives.

CHAPITRE III

Fiodor Dostoïevski : Crime et châtiment

Ce roman de Dostoïevski offre une très bonne illustration de la thèse que je propose, suivant laquelle c'est le masochiste qui est l'élément le plus actif du couple sadomasochiste. C'est en effet ce que nous montre clairement l'auteur dans la dernière partie de l'ouvrage, tandis que dans les deux premiers tiers du roman il fait de Raskolnikov, son héros, ce que j'appelle un "masochiste absolu", c'est-à-dire celui dont le masochisme n'a même pas besoin d'un partenaire pour s'exprimer.

Poil de Carotte n'était pas masochiste mais, dans **le couple** qu'il formait avec sa mère, c'était sa position masochiste qui permettait au sadisme de la terrible Mme Lepic de s'épanouir.

Le père Goriot avait ses filles **pour complices** et, par l'amour sans retenue qu'il leur vouait, il en avait fait des sadiques qui ne s'interdisaient pas de le torturer puisque lui-même les y incitait.

Rodion Raskolnikov, quant à lui, n'a nul besoin d'un partenaire qui le tourmente ; durant la plus grande partie du roman on le voit, dans un repli narcissique, se fustiger masochiquement et se mettre sans cesse et de lui-même en péril. Puis, vers la fin du récit il en arrive, de façon omnipotente, à littéralement "se fabriquer" un partenaire sadique, qui va le mettre sur le gril et finir par l'envoyer en Sibérie.

Rodion Raskolnikov, le héros du roman, est un ex-étudiant qui a dû, d'après ses dires, abandonner l'université par manque d'argent ; il n'en est rien en réalité, car il aurait très bien pu continuer ses études tout en travaillant, comme le font son ami Razoumikhine et beaucoup d'autres jeunes gens.

Mais ce qui occupe la pensée de Raskolnikov et lui fait négliger ses études, c'est une théorie qu'il a faite sienne, suivant laquelle l'humanité se divise en deux parties inégales. La première est composée d'hommes "ordinaires", un troupeau soumis qui doit travailler, respecter ses supérieurs et les lois. La deuxième comporte un tout petit nombre d'"extraordinaires", êtres auxquels tout est permis pour arriver à leurs fins, y compris le meurtre.

Au-delà de ses dimensions religieuse et philosophique, on considère généralement ce roman très complexe comme une sorte de jeu cruel entre deux hommes que tout oppose : d'un côté Rodion Raskolnikov qui, tout en étant le criminel, est pourtant une sorte de héros, et de l'autre Porphyre Petrovitch, le juge d'instruction, qui est le représentant de la loi et qui assume le rôle du méchant.

On pense en un premier temps que ce dernier sortira gagnant de leur joute car, habitué par son métier à manipuler les suspects, il est évident qu'il saura faire avouer à Raskolnikov qu'il a tué une vieille femme pour lui voler son argent. De plus, cette disproportion des forces entre l'accusateur et l'accusé est encore accrue par le fait que Porphyre Petrovitch dispose de la puissance que lui confère l'appareil de l'état, dont il symbolise la suprématie et la légitimité, alors que Raskolnikov n'est qu'un pauvre ex-étudiant.

Et, à ne considérer que la surface des événements, il en est bien ainsi puisque le juge finit par faire condamner le criminel au bagne.

Mais si l'on approfondit le récit que nous fait Dostoïevski de leurs relations, on s'aperçoit que dans ce ballet impitoyable, qui rappelle le jeu du chat et de la souris, le chorégraphe n'est pas celui qu'on pense.

Et le juge Porphyre, tout puissant qu'il soit, est en fait entièrement manipulé par sa victime, dont le désir profond, - en un premier temps inconscient - est justement de recevoir le châtiment que mérite le forfait qu'il a commis.

Mieux encore : on sent bien, à la lecture du roman, que Raskolnikov a cherché la punition avant même d'avoir commis son forfait - un crime sordide - et que celui-ci a inconsciemment été perpétré uniquement en vue du châtiment.

Au niveau conscient, par contre, il a cru commettre son crime pour démontrer la véracité de sa thèse. Et, puisque, dans un délire de grandeur et un déni de toute réalité, il est persuadé de faire partie de la très petite élite des êtres auxquels rien ne saurait être interdit, il a formé le projet d'assassiner une vieille usurière pour se procurer l'argent dont il avait besoin.

L'idée que tout est licite pour certains êtres était sous-tendue par une théorie, en vogue à l'époque où Dostoïevski écrivait son roman, dont le postulat était : *"Si Dieu n'existe pas, alors tout est permis."*

La non-existence de Dieu était en effet la condition nécessaire pour pouvoir violer la loi sans crainte et sans remords, la seule obligation étant alors de ne pas se faire prendre. Si par contre Dieu existait, il était impossible de bafouer la loi car alors, même si on réussissait à échapper à la justice humaine, on ne pouvait espérer échapper à la justice divine, dont le châtiment terrifiant était l'enfer pour l'éternité.

[En faisant sienne cette théorie, Raskolnikov nous montre qu'il n'a pas pu accéder à ce point du développement psychique où l'on est capable d'internaliser l'interdit œdipien et son héritier le Surmoi ; il en est resté au féroce Surmoi infantile que décrit Mélanie Klein. C'est pourquoi seule la "crainte du gendarme" (un gendarme très supérieur il est vrai puisqu'il s'agissait de Dieu) constituait le frein extérieur capable de l'empêcher de commettre un crime.

Avec Raskolnikov, Dostoïevski nous propose un héros que nous appellerions *borderline* et qui est à la fois masochiste et mégalomaniaque ; on le voit d'ailleurs constamment osciller entre ces deux aspects de sa personnalité, qu'il arrive même parfois à lier ensemble.]

Le côté masochiste

Du côté du masochisme, nous trouvons quantité de descriptions repoussantes, aussi bien du mode de vie que du caractère de ce jeune homme qui, tout en étant d'une grande beauté - d'une taille au-dessus de la moyenne, il était élancé et avait des traits fins, des cheveux châtain et *"de magnifiques yeux sombres"* -, habitait cependant un véritable taudis, dont il n'avait pas payé le loyer depuis des mois et dont la saleté ne le cédait en rien à la saleté de ses vêtements.

Cette habitation, qui se trouvait sous les combles d'une maison de cinq étages, *"ressemblait davantage à un placard qu'à un logis"*, et elle était d'une laideur et d'un inconfort tels qu'"*à son réveil* (Raskolnikov) *était amer, coléreux, méchant, et c'est avec haine qu'il contempla son taudis. C'était un minuscule réduit, long de trois mètres, qui offrait l'aspect le plus minable avec son papier jaune, poussiéreux, et tout décollé ; il était si bas de plafond que toute personne d'une taille un peu élevée s'y sentait oppressée et avait sans cesse l'impression qu'elle allait se cogner la tête au plafond. Le mobilier ressemblait au lieu : il y avait trois vieilles chaises en mauvais état, dans un coin une table passée à la peinture, sur laquelle étaient posés des cahiers et des livres ; rien qu'à la poussière qui les recouvrait, il était visible qu'il y avait déjà longtemps que personne n'y avait touché ; et enfin, occupant presque toute la longueur de la pièce, un divan mal proportionné, jadis tendu d'indienne mais maintenant en loques, et qui servait de lit à Roskolnikov. Il y couchait souvent, sans prendre la peine de se déshabiller, sans draps, se couvrant de son vieux manteau d'étudiant, avec sous la tête un seul petit oreiller sous lequel, pour le réhausser un peu, il glissait tout le linge, propre et sale qu'il possédait"*.[62]

Et Dostoïevski ajoute : *"Il était si mal habillé que d'autres, même ceux qui en ont l'habitude, auraient eu honte de se montrer dans la rue en plein jour vêtus de semblables haillons."*

---

[62] Fiodor Dostoïevski, *"Crime et Châtiment"*, 1865.

L'auteur n'est pas tendre pour son héros ; Jules Renard faisait de Poil de Carotte un être physiquement et même moralement sale, mais Dostoïevski va plus loin encore puisque Rodion Raskolnikov se dépeint (car c'est souvent lui-même qui se décrit) sous un aspect réellement repoussant. Ce faisant, Dostoïevski lui donne un des attributs qui désignent très clairement le masochiste : ne s'aimant pas, il ne peut prendre soin de lui-même ; ne méritant presque pas de vivre, il lui faut renoncer à tout ce qui est agréable et à tout ce qui pourrait le rendre lui-même agréable aux yeux d'autrui.

Et d'ailleurs rien n'est plaisant autour de lui. On le voit, au début du roman, parcourir les rues du quartier sinistre qui est le sien par une chaleur étouffante et dans un air empuanti où *"les relents intolérables des débits de boisson, particulièrement nombreux dans cette partie de la ville, et les ivrognes qu'on rencontrait à chaque instant, bien que ce fût un jour de semaine, achevaient de donner au tableau une couleur abjecte et triste"*.

Si Raskolnikov est rebutant en ce qui concerne sa propreté corporelle, celle de ses vêtements et celle de son logis, il ne l'est pas moins quant à sa moralité et c'est là qu'éclate, mieux que partout ailleurs, son masochisme, car voici comment il se voit : *"Eh, pou esthétique que je suis et rien d'autre, déclara-t-il soudain en éclatant de rire comme un dément. Oui, je suis en effet un pou, enchaîna-t-il avec une joie mauvaise, se cramponnant à son idée, la creusant et s'amusant d'elle"*... *"Je ne suis rien d'autre qu'un pou parce que, ajouta-t-il en grinçant des dents, parce que je suis peut-être moi-même plus ignoble et plus répugnant que le pou tué* (l'usurière) *et que je pressentais que j'allais me le dire après avoir tué. Y a-t-il rien qui puisse se comparer à cette horreur ! Oh platitude ! Oh bassesse !"*

Et, plus loin il dit encore de lui-même : *"Sonia, j'ai un cœur méchant, remarque-le : cela peut expliquer bien des choses. C'est aussi parce que je suis méchant que je suis venu. Il y en a qui ne l'auraient pas fait. Mais moi, je suis un poltron et un lâche."*

[Cette description ne concerne pas une personne mais un personnage de roman, et Dostoïevski met en images non pas une réalité objective mais ce qu'un masochiste pense de lui-même : ce que l'auteur rend perceptibles par la description de la saleté matérielle et morale de son héros, ce sont les racines anales du masochisme.]

Dès le début du roman, le lecteur sait (comme Raskolnikov lui-même d'ailleurs) que celui-ci n'a pas assez de force d'âme - ou de sadisme - en lui pour être un homme hors du commun, auquel sa singularité même donnerait tous les droits ; il sait que cette supériorité qu'il s'attribue n'est qu'un fantasme de grandeur (Raskolnikov se compare, entre autres "hommes extraordinaires", à Napoléon et à Mahomet), et qu'une fois son crime réalisé il ira se jeter sans tarder dans les filets de la police.

On le voit en effet d'abord "jouer" avec l'idée de commettre un crime, tout en sachant bien lui-même qu'il n'a pas la taille d'un grand criminel et qu'il n'est, tout au plus, qu'une pâle imitation des "extraordinaires". Et il va d'ailleurs choisir, pour prouver qu'il est un être exceptionnel, non pas une guerre où il ferait périr des dizaines de milliers d'êtres humains, mais une misérable vieille, certes horrible, mais sans défense.

"Suis-je capable de cela ? Est-ce sérieux ? se demande-t-il, avant de se rassurer : *"Ce n'est pas sérieux du tout. Je ne fais que m'amuser en imagination ; ce sont des jouets ! Oui, il se peut bien que ce soient des jouets."*

Comme tout masochiste d'ailleurs, il ne se fait pas d'illusions sur lui-même : *"Comment me connaissant, me pressentant, ai-je osé prendre la hache et la tremper dans le sang ? J'aurais dû le savoir d'avance... Eh, mais je le savais bien d'avance, chuchota-t-il avec désespoir."*

Il s'est ensuite demandé comment il a pu avoir l'outrecuidance de se comparer aux grands sadiques : *Non, ces hommes-là ne sont pas faits ainsi ; un véritable maître à qui tout est permis dévaste Toulon, organise un massacre à Paris, oublie son armée en Égypte, sacrifie un demi-million d'hommes dans la campagne de Moscou et s'en tire par un calembour à Vilno ; et c'est à lui qu'après sa mort on érige des statues et à qui donc, tout est permis. Non, ces hommes-là, il faut le croire, sont d'airain et non de chair."*

Et cependant, avec l'acharnement contre lui-même qui caractérise le masochiste, il continue à se dévaloriser et à admirer le sadique : quelle folie, se disait-il, de mettre en parallèle le meurtre d'une vieille usurière et les massacres de l'Empereur, et comment osait-il se comparer à Napoléon, alors qu'il n'était qu'un pou qui, même en commettant un crime, ne pouvait rien faire de grand.

Mais tandis qu'il commençait à échafauder le scénario de l'assassinat de l'usurière, il essayait aussi de se rassurer en prétendant que toutes ces spéculations n'étaient qu'un jeu, une façon de se distraire.
Mais en même temps ses réactions montraient que ce n'était nullement d'un jeu qu'il était question ; une fois, en effet, tout en se disant cela, il était sorti de chez lui pour aller faire une promenade et il avait croisé peu après un ivrogne, qui s'était moqué du couvre-chef insolite qu'il arborait. Il s'agissait d'un chapeau *"haut et rond de chez Zimmermann"*, dont l'ivrogne avait aussitôt reconnu l'origine et qu'il avait désigné en criant à pleins poumons : *"Eh ! Chapeau allemand !"*

Raskolnikov avait alors été saisi de frayeur en pensant qu'un chapeau aussi particulier que le sien et qui, de plus, tout en venant d'une grande maison *"était complètement usé, verdâtre, tout troué et taché, et dont un des bords manquait tandis que l'autre s'était replié en un angle particulièrement grotesque"*, ne pouvait qu'attirer l'attention sur lui une fois le crime commis ; alors il s'était morigéné et il s'était mit en garde, car : *"on s'en souviendrait plus tard, et voilà un indice. Il s'agit d'attirer l'attention le moins possible."*

Il n'y a dès lors plus de doute ; le lecteur sait - et Raskolnikov aussi - qu'il ne s'agit pas d'un jeu et que, malgré ses hésitations et bien qu'il sache qu'il n'est pas de taille à commettre un crime sans se faire prendre - sans **désirer** se faire prendre - Raskolnikov va tuer.

Nous suivons pas à pas le combat qui fait rage en lui, avant le meurtre comme après qu'il a commis l'irréparable, entre le désir d'échapper au châtiment et celui de payer pour sa faute.
On le voit, par exemple, se demander tout tremblant comment il lui serait possible de s'emparer d'une hache, de tuer la vieille usurière en la frappant sur la tête ; serait-il capable de lui fracasser la tête ? Pourrait-il supporter de *"glisser dans le sang gluant et tiède ?"* De se cacher, tout couvert de ce sang en dissimulant l'arme du crime ?

Il savait qu'il ne le pourrait pas mais, dès le lendemain, il s'était attelé à la préparation de son forfait en cousant la bande de tissu qui allait lui permettre de dissimuler commodément la hache du crime, et en préparant avec soin le faux étui à cigarettes qui lui servirait à appâter l'usurière.

Cependant, il avait encore hésité avant de prendre la décision finale et il s'était tenu un raisonnement qui montre bien qu'il savait parfaitement ce qui l'attendait.

Depuis longtemps, se disait-il, une question le préoccupait : comment se faisait-il que presque tous les crimes se découvrissent si facilement et que les criminels laissassent des traces si évidentes de leur forfait ? La raison ne s'en trouvait pas tant dans les faits matériels, somme toute assez faciles à cacher, que dans le criminel lui-même : *"tous les criminels, pratiquement sans exceptions, subissent au moment du crime une sorte de défaillance de la volonté et de la raison, auxquelles se substitue, au contraire, une imprudence incroyable et puérile, cela au moment précis où ils auraient le plus besoin de raison et de prudence."*

Raskolnikov est donc un homme à la personnalité complexe et tourmentée et dont l'aspect extérieur est aussi rebutant que le caractère. Et pourtant malgré toute cette noirceur - ou à cause d'elle - Raskolnikov a une certaine grandeur, horrible et fascinante : c'est incontestablement un "extraordinaire" même si, pour nous, cela ne lui donne en aucun cas le droit ni de violer les lois ni de tuer ses semblables.

À côté de ce personnage "extraordinaire", Dostoïevski nous montre ce qu'est un double "ordinaire" de Raskolnikov.

Il s'agit d'un certain Marmeladov qui tient, ainsi que sa famille, une grande place dans le roman ; il est aussi masochiste que Raskolnikov, il s'accuse en public et sans vergogne des pires méfaits et il offre, sans retenue et à qui veut bien s'en saisir, des verges pour le battre.

Malgré ces points communs, Marmeladov présente une grande différence avec Raskolnikov. Contrairement à ce dernier, il ne défend aucune théorie, il ne poursuit aucune recherche sur les choix de "la Nature" quant à l'existence d'hommes supérieurs. C'est seulement un être dégoûtant, un ivrogne sale et grandiloquent qui, pour se saouler, laisse mourir de faim sa malheureuse famille.

Cet homme d'une cinquantaine d'années est un ancien fonctionnaire que son ivrognerie a mené à une complète déchéance, et dont Dostoïevski fait ainsi le portrait : *"Il était vêtu d'un vieux frac noir tout en loques et aux boutons manquants. Un seul de ces boutons tenait encore tant bien que mal et il l'avait passé dans la boutonnière, avec probablement l'espoir de ne pas s'écarter des convenances. De son gilet de nankin sortait un plastron tout chiffonné, sali et taché."*

On voit donc que Marmeladov, tout comme Raskolnikov, est d'une saleté physique repoussante, et d'ailleurs ils ne valent pas mieux l'un que l'autre au plan moral non plus. Le premier, pour encore aller boire, vole à sa femme le peu d'argent - fruit de la prostitution à laquelle sa fille Sonia a été contrainte par l'ivrognerie de son père - que celle-ci lui a remis pour les dépenses de la maison.

Le deuxième agit de même en gaspillant sottement les quelques roubles que sa mère et sa sœur sont parvenues à lui envoyer en se privant de tout. Pour Raskolnikov, qui n'a pas de fille, c'est sa sœur Dounia qui a l'intention de se prostituer pour pallier la veulerie de son frère.

Et pourtant Raskolnikov, aux yeux de son créateur, n'est pas un Marmeladov, car c'est quand même un être d'exception. C'est pourquoi sa sœur ne se résigne pas, comme Sonia, à se prostituer physiquement pour l'aider mais elle est prête à le faire moralement en se mariant pour de l'argent (ce qui est socialement accepté, voire valorisé). *"Pourquoi donc l'accepte-t-elle maintenant ? - se demande le frère - quel en est le fin mot ? La clé de l'énigme ? Une chose est claire : pour elle-même, pour son propre confort, même pour se sauver de la mort, elle ne se vendrait pas mais, pour un autre, la voilà qui se vend ! Elle est prête à se vendre pour un être cher, adoré !*

C'est-à-dire pour lui, puisqu'il est incapable de gagner sa vie par lui-même. Alors Raskolnikov se sent pris de haine pour Loujine (le futur mari) et il décide d'empêcher ce mariage, non pas en se mettant à travailler mais en assassinant l'usurière. *"Savez-vous, Dounietchka - dit le frère en s'adressant en pensée à sa sœur - que le sort de*

Sonia (la prostitution) n'est nullement plus vil que le sort lié à celui de M. Loujine. Comprenez-vous que la saleté avec M. Loujine équivaut à celle de Sonia, et qu'il se peut qu'elle soit même pire, plus sordide, plus ignoble ?"

Il a donc maintenant trouvé une raison plus élevée de tuer, puisque ce n'est plus pour son propre intérêt qu'il va devenir un assassin, mais pour sauver sa sœur, et cela lui donne le surcroît de courage qui lui manquait pour passer à l'acte.

Avec les multiples descriptions masochistes dont se fustige le héros, nous trouvons naturellement aussi celle d'une part sadique de lui-même ; en effet, refuser tout travail pour se faire entretenir par deux pauvres femmes (sa mère et sa sœur), qui se privent du nécessaire pour lui envoyer de l'argent ; préméditer un crime et, dans la foulée, en exécuter un deuxième apparemment sans remords, sont incontestablement des actes d'une grande violence sadique.

Le côté borderline

Raskolnikov est à la fois un masochiste absolu et un homme qui est souvent en proie au délire et aux hallucinations. Nous trouvons dans le roman le récit de plusieurs épisodes délirants qui émaillent la vie de son héros, des persécutions dont il se croit la victime, ainsi que maints exemples de sa mégalomanie ; il se targue d'ailleurs volontiers de sa folie, se demande à tout moment s'il est normal et ses amis et connaissances se posent constamment aussi la question de savoir s'il est dans son bon sens ou s'il délire.

Je donnerai comme exemple un épisode qui commence par un retrait presque autistique de Raskolnikov. Tandis qu'il se dirigeait vers son logement, il s'était arrêté brusquement car *"il lui semblait que c'était en bas, sous ses pieds que, à peine visibles dans la profondeur, gisait à présent tout ce passé : les pensées et les problèmes, les sujets et les impressions d'autrefois, tout ce paysage et lui-même, et tout... Il avait l'impression de monter, de s'envoler, et tout s'évanouissait devant ses yeux."..."Il éprouvait la sensation* en cet instant d'avoir coupé comme avec des ciseaux tout lien entre lui et le monde."

Il s'était ensuite réveillé chez lui sans avoir conscience d'avoir fait le chemin, ni de s'être jeté tout habillé sur son lit ; c'étaient des cris terribles qui l'avaient tiré de son sommeil : *"Mon Dieu, quels cris ! Jamais encore il n'avait entendu des sons aussi peu naturels, des hurlements, des vociférations, des grincements de dents, des pleurs, des coups et des jurons pareils. Il n'aurait même pas pu s'imaginer tant de férocité, de frénésie."*

Plein d'épouvante, il s'était alors dressé sur son lit, tandis que les clameurs et les injures allaient croissant. Puis, au milieu du vacarme, il avait soudain reconnu la voix de sa logeuse qui *"hurlait, glapissait et se lamentait"*, priant qu'on cessât de la battre, tandis que son agresseur avait *"une voix si effrayante de colère et de fureur qu'elle n'était plus qu'un râle"*.

Alors Raskolnikov s'était mis à trembler de tous ses membres en reconnaissant, dans la voix du bourreau, la voix du lieutenant de police Ilia Petrovich. *"Ilia Petrovich est ici, se dit-il, et il bat ma logeuse ! Il la frappe à coups de pieds, lui cogne la tête contre une marche - c'est évident -, cela se reconnaît d'après les bruits, les cris, les coups. Qu'arrive-t-il donc, le monde serait-il à l'envers ?"*

Évidemment, le lieutenant Petrovich n'avait jamais attaqué la logeuse et il n'était pas même venu dans l'immeuble, comme le lui affirma Nastassia (la servante) le lendemain : tout cela n'était qu'une hallucination.

Tout comme était délirante, à d'autres moments, sa certitude de voir beaucoup de gens entrer dans sa chambre et vouloir l'emporter au loin, ou encore sa conviction que *"par moments seulement, on entrebâillait la porte pour le regarder, on le menaçait, on se concertait entre soi, on riait et on le narguait"*.

Sa mégalomanie, quant à elle, était particulièrement visible dans sa théorie sur l'inégalité des hommes car Raskolnikov croyait évidemment qu'il faisait partie de la toute petite élite qui avait tous les droits, y compris celui de ne pas respecter le commandement "Tu ne tueras point".

Il était tellement imbu de son idée que, tout en ayant déjà commencé à organiser son projet criminel pour se prouver à lui-même qu'il était au-dessus des lois, il n'avait par craint d'exposer cette thèse dans un article qui avait été publié dans *"La Parole Périodique"*, un journal de Saint-Petersbourg.

Par ce moyen il arrivait même à atteindre un double objectif, à la fois masochiste et mégalomaniaque : d'une part, il offrait à son futur juge tout ce qui était nécessaire pour éveiller ses soupçons puis se faire condamner (masochisme), et de l'autre il rendait manifeste la très haute opinion qu'il avait de lui-même (mégalomanie). Et même, non content d'avoir publiquement exposé sa dangereuse théorie, Raskolnikov avait réitéré, devant le juge Porphyre, son plein accord avec elle lors d'une réunion chez leur ami commun Razoumikhine.

On voit bien là les deux versants de la personnalité de Raskolnikov. D'une part il avait réaffirmé, devant celui dont il savait qu'il serait son juge, qu'il était pleinement d'accord avec l'idée que certains - dont il faisait manifestement partie - avaient le droit de violer la loi, ce qui était une façon de se désigner comme un criminel possible et de rendre le châtiment inévitable une fois le crime reconnu. En somme de donner des verges pour se faire battre. Et d'autre part, en même temps que cette recherche masochiste de la punition, Raskolnikov nous montrait aussi sa mégalomanie, puisqu'il laissait clairement entendre qu'il faisait lui-même partie des "extraordinaires".

Freud propose une explication de ce type de comportement lorsqu'il écrit que la psychose serait plus simple à comprendre si *"le moi se détachait totalement de la réalité, mais c'est là une chose qui se produit rarement, peut-être même jamais."* il ajoute que même lorsqu'il s'agit d'états aussi éloignés de la réalité extérieure que les *"états hallucinatoires confusionnels (amentia), les malades, une fois guéris, déclarent que dans un recoin de leur esprit, suivant leur expression, une personne normale s'était tenue cachée en laissant se dérouler devant elle, comme un observateur désintéressé, toute la fantasmagorie morbide"*.[63]

---

[63] Freud, "Le monde extérieur", in *"Abrégé de psychanalyse"*, P.U.F. 1975.

Et Freud indique ensuite qu'on se trouve, dans de tels cas, devant un clivage psychique dans lequel coexistent une attitude normale, qui tient compte de la réalité, et une autre, qui détache le moi de celle-ci.

C'est ce qui se produit pour Raskolnikov, par moments au début du roman et totalement dans les dernières pages. Il y a en effet, à côté de sa partie mégalomaniaque, une part de lui-même qui reconnaît la présence d'une instance supérieure - qui n'est cependant rien de moins que Dieu lui-même - mais dont l'existence le force à sortir de son narcissisme et à s'accepter, in fine, comme faisant partie de la foule des humains "ordinaires".

Et c'est du reste l'impossibilité où il se trouve, pendant la plus grande partie du roman, de supporter ce conflit entre sa mégalomanie d'une part et la reconnaissance d'une autorité supérieure à lui de l'autre, qui est responsable aussi bien du masochisme que du clivage psychique de Raskolnilov, dont le moi finit par se déchirer.

Il sent d'ailleurs très bien ce clivage de son moi : *"C'est parce que je suis très malade, décida-t-il enfin, morose. Je me suis torturé et déchiré, et je ne sais plus moi-même ce que je fais... hier et avant-hier je me déchirais ainsi... Quand je serai guéri je ne me déchirerai plus... Mais si je ne guérissais pas ?"*

Le jeu du chat et de la souris

De même que, sans tenir compte du danger, il avait exposé ses vues sur le droit au crime des êtres supérieurs, Raskolnikov avait également "oublié" de prendre les plus élémentaires précautions avant de commettre son forfait et, une fois celui-ci accompli, il s'était comporté de façon à laisser le maximum d'indices et à attirer sur lui l'attention des policiers, auxquels il était d'ailleurs constamment sur le point d'aller avouer son crime.

Mais ce désir d'avouer, qui aurait pu être un effet du remords, avait en réalité une toute autre cause (au niveau conscient, du moins, car on sait que tout masochisme est pétri de culpabilité) ; jusqu'aux toutes dernières pages du récit en effet, et alors qu'il avait été jugé et envoyé au bagne en Sibérie, Roskolnikov se disait qu'il n'avait ni remords ni regrets et qu'il serait plus heureux *"si au moins le sort lui envoyait le repentir, un repentir brûlant qui brise le cœur, chasse le sommeil, un repentir tel que ses horribles tortures font rêver à la corde et à l'étang... Mais il ne se repentait pas de son crime."*

Et aussi : *"Oh, comme il eût été heureux s'il avait pu s'accuser ! Il eût tout supporté alors, même la honte et le déshonneur. Mais il ne trouvait aucune faute particulièrement grave dans son passé." "Son orgueil était profondément blessé ; c'était précisément d'orgueil qu'il était tombé malade."*

Tout au long du récit, on voit peu à peu se dessiner l'ambivalence du héros, qui hésite constamment entre deux attitudes - qui sont le reflet de deux désirs : échapper à la justice et montrer ainsi sa toute-puissance, se faire prendre et démontrer alors la puissance de la justice divine - mais en gardant néanmoins toujours la haute main sur la décision finale.

Dans le but de se faire prendre, il avait laissé derrière lui la quantité d'indices nécessaires pour se faire découvrir sans délai ; dans le but de se montrer supérieur à la loi, il se reprenait constamment à la dernière minute, aidé en cela par une chance insolente.

Pour aller commettre son crime, par exemple, il avait gardé son "chapeau allemand", dont il avait pourtant reconnu l'aspect compromettant. Après avoir tué sa victime, il avait "oublié" de fermer la porte, s'exposant à être surpris à côté du cadavre et les mains pleines de sang ; c'est d'ailleurs ce qui s'était produit, car Élisabeth, la demi-sœur de l'usurière, était arrivée peu après le meurtre, contraignant ainsi Raskolnikov à tuer une deuxième fois.

Par une chance inouïe, étant donné les erreurs qu'il avait commises, il était parvenu à quitter la maison de la victime sans se faire voir mais, arrivé chez lui, il avait laissé au vu de tous ses vêtements pleins de sang.

Ses multiples bévues avaient chaque fois été compensées soit par la chance, soit par l'aveuglement de la police ; un autre que Raskolnikov se serait félicité de sa bonne fortune, mais il ne pouvait évidemment en être ainsi pour lui puisqu'il voulait être le seul maître du jeu.

Pour qu'il en fût ainsi, il fallait nécessairement que ni le hasard ni l'habileté des enquêteurs n'interviennent dans la découverte du criminel et que seul son aveu puisse révéler la vérité ; il ne pouvait être question, dans ce duel "à qui perd gagne", de laisser la police, ni même la chance, diriger le cours des événements : seul Raskolnikov l'"extraordinaire" avait le droit de le faire.

Dès le début de la deuxième partie du livre - qui en compte six - et tandis qu'il s'était rendu au commissariat de police pour tout autre chose, le désir de se livrer l'avait titillé et : *"Je vais entrer, me mettre à genoux et tout raconter, pensa-t-il en montant au quatrième étage."*
Dostoïevski décrit ensuite longuement ce qui se passe au poste de police, raconte l'histoire d'une autre personne présente, puis explique la raison, totalement étrangère au crime, pour laquelle la police a convoqué Raskolnikov. Enfin, et alors que les craintes de ce dernier avaient entièrement été apaisées et qu'il avait appris que personne ne songeait à le soupçonner du crime, à nouveau : *"Une étrange idée lui vint tout à coup : se lever à présent, s'approcher de Nicolas Fomitch et lui raconter tout ce qui s'était passé la veille, tout, jusqu'au moindre détail."*
Mais il n'avait pas donné suite à sa pulsion ; par contre, lorsqu'il avait surpris une conversation entre les policiers qui révélait que personne n'avait vu l'assassin de l'usurière et que l'affaire serait par conséquent bien difficile à résoudre, il s'était évanoui au lieu d'en être soulagé. Puis, dès qu'il avait repris ses sens, il avait informé les policiers qu'il était justement malade depuis la veille, attirant ainsi leur attention autant par son évanouissement soudain que par son commentaire que tous trouvèrent *"fort étrange"*.
Tout au long des chapitres, Raskolnikov a pris la direction des opérations, tantôt volontairement en donnant, par exemple, des renseignements compromettants que personne ne lui demandait, et tantôt involontairement, comme lorsqu'il s'évanouit ou qu'il part dans un de ses délires.
Cependant, sa façon la plus évidente de "prendre les rênes" est probablement son intention, constamment évoquée, d'aller tout avouer à des policiers qui ne songent pas à l'accuser.

Ainsi, alors que son forfait datait de quelques jours, il était entré dans un café où il avait demandé du thé et les journaux des cinq jours précédents. Il avait alors vu Zemetov (le secrétaire du commissariat de police) entrer dans ce café et **il lui avait fait remarquer** qu'il était en train de lire ce qui se rapportait à l'assassinat de la vieille femme.

Agacé, Zemetov lui avait demandé en quoi cela le regardait et pourquoi il croyait utile de l'en informer. Alors Raskolnikov lui avait précisé : *"il s'agit justement de la même vieille... de la même que l'autre jour, quand je me suis évanoui au moment où on a commencé à en parler au commissariat. Eh bien, comprenez-vous maintenant ?"*

Zemetov, d'abord stupéfait, avait commencé à avoir un doute, mais il l'avait aussitôt chassé de son esprit. Alors Raskolnikov avait poussé "le jeu" plus loin car, lorsque le policier lui avait affirmé que le meurtre avait été commis par un blanc-bec qui avait pris tous les risques en plein jour et qu'on l'attraperait sans trop de peine : *"Eh bien, attrapez-le donc maintenant, allez ! s'écria-t-il en narguant Zemetov avec une joie mauvaise."*

Et comme celui-ci lui confirmait qu'on finirait par l'attraper, Raskolnikov avait continué à se moquer de lui : *"Qui, vous ? C'est vous qui l'attraperez ? Courez toujours !*

Il est clair qu'il voulait irriter le policier contre lui en le narguant : autrement dit, il le poussait à le soupçonner alors que celui-ci était loin d'une pareille idée.

Par exemple encore, lorsque le juge d'instruction Porphyre Petrovich avait offert une échappatoire à Raskolnikov en lui demandant si la théorie des "extraordinaires" représentait réellement sa pensée, l'étudiant avait confirmé avec dédain qu'il en était bien ainsi. L'attitude étrange et provoquante de Raskolnikov avait pourtant déjà et à plusieurs reprises éveillé les soupçons du magistrat mais celui-ci avait quand même voulu lui laisser la possibilité de trouver une échappatoire : pour être bien sur d'avoir saisi le sens de cette théorie, le juge l'avait ainsi résumée : *"Dans la théorie de monsieur, les hommes sont divisés en 'ordinaires' et 'extraordinaires'. Les ordinaires vivent dans l'obéissance, et ils n'ont pas le droit de transgresser la loi, parce que, voyez-*

vous, ils sont ordinaires. Et quant aux extraordinaires, ils ont le droit de commettre tous les crimes et de transgresser la loi."

L'ami de Raskolnikov, le brave Razoumikhine, prototype de ces "ordinaires", avait été effaré d'entendre pareilles affirmations et avait refusé de croire que son ami ait pu y souscrire.

Mais Raskolnikov ne s'était pas saisi de la perche qu'on lui tendait et avait confirmé que les propos du juge reflétaient bien sa pensée : *"Je reconnais que vous avez exposé ma pensée presque fidèlement, même, si vous voulez, tout à fait fidèlement. (On eût dit qu'il était content d'en convenir.) La différence consiste uniquement dans le fait que je n'affirme nullement que les gens exceptionnels ont le devoir et l'obligation de commettre toujours et à tout prix toutes sortes de méfaits, comme vous le dites.*[64] *Je pense d'ailleurs qu'on n'aurait pas laissé passer un article pareil. J'ai tout simplement suggéré que l'homme extraordinaire à le droit... j'entends non pas un droit officiel mais bien qu'il a par lui-même le droit d'autoriser sa propre conscience à franchir... certains obstacles."*

Et il avait précisé plus loin : *"Selon les lois de la nature, les hommes se divisent ordinairement en deux catégories : l'inférieure (les êtres ordinaires), c'est-à-dire en quelque sorte le matériau qui ne sert qu'à la procréation de leurs semblables, et les hommes proprement dits."*... *"Dans la seconde catégorie, tous transgressent la loi, tous sont des destructeurs ou portés à l'être, suivant leurs capacités."*

On le voit constamment braver les représentants de la loi ; au secrétaire du Commissaire de police, il dit brusquement : *"Et si c'était moi qui avais tué la vieille et Élisabeth ?* Le policier l'avait alors regardé avec effarement, se demandant si son vis-à-vis était un fou ou un criminel. Alors Raskolnikov avait désarçonné son "chat" en lui disant : *"Avouez que vous m'avez cru ? d'un ton froid et ironique."*

Et le policier, qui ne savait plus où il en était, de répondre : *"Pas du tout ! Maintenant j'y crois moins que jamais."*

Ou encore, lors d'une conversation "amicale" avec le juge Porphyre, celui-ci lui avait confié qu'il était personnellement persuadé

---

[64] Porphyre n'a rien dit de pareil.

qu'il était l'assassin, **mais qu'il ne pouvait l'arrêter faute de preuves.**

Un non-masochiste eût été trop content d'entendre pareil aveu, mais pas Raskolnikov, qui ne voulait en réalité absolument pas échapper à la justice.

Les épisodes de ce genre abondent dans le récit de Dostoïevski et montrent à l'évidence qu'une fois le crime commis et la constatation qu'il n'était pas de la trempe d'un Napoléon acceptée, une seule façon restait encore à Raskolnikov affirmer sa supériorité, c'était de rester le maître dans ses rapports avec la police, de les mener à sa guise et à son rythme.

Échapper simplement au châtiment n'aurait satisfait ni son masochisme ni son désir d'omnipotence ; rester caché dans son coin, jouir tranquillement de l'argent que lui aurait rapporté son forfait, cela eût été agir en "ordinaire". En tant qu'"extraordinaire", il lui fallait faire "danser le chat sur sa musique".

Et c'est ce que lui permettait l'aveu, qu'il avait constamment désiré faire - et qu'il finira par faire - alors même que personne n'avait ni l'intention ni la possibilité de l'incriminer.

Les policiers, en effet, étaient persuadés de tenir l'assassin puisqu'un peintre, qui travaillait dans l'immeuble où habitait la victime au moment du crime, avait été trouvé en possession d'un des bijoux volés à l'usurière. Et que, de plus, l'homme avait avoué être l'auteur du meurtre.

Naturellement, cela ne convenait pas à Raskolnikov, qui se voyait dépouillé tout à la fois de son appartenance aux "extraordinaires" et qui aurait échappé ainsi au châtiment auquel son masochisme le faisait aspirer ; et qui - ultime affront - aurait perdu sa supériorité sur la police, c'est-à-dire sur la loi et sur son garant, l'État.

Il fallait évidemment un sort si funeste, ce à quoi Raskolnikov s'était employé avec son arme favorite.

L'épisode, qui se situe aux dernières pages du livre, nous montre Raskolnikov revenu, une fois encore, au commissariat où il est reçu par le lieutenant de police Ilia Petrovitch, dit "Poudre". Celui-ci l'accueille cordialement et s'excuse d'avoir pu un instant le soupçonner ; il lui affirme qu'au contraire il le respecte et l'admire en tant que jeune et brillant intellectuel.

Alors *"Raskolnikov écarta le verre de la main et à voix basse, avec des pauses mais distinctement, prononça : C'est moi qui ai tué, l'autre jour, à coups de hache la vieille, une veuve de fonctionnaire, et sa sœur Élisabeth et qui les ai volées."*
"Ilia Petrovitch ouvrit la bouche toute grande."
"On accourut de tous côtés."
"Raskolnikov répéta sa déposition."

Nous ne savons pratiquement rien de l'enfance de Raskolnikov, ni de ce qu'avaient été ses rapports avec son père, sauf qu'il était mort prématurément.

Un épisode nous est cependant rapporté, qui pourrait éclairer le comportement du jeune homme.

Il s'agit du "rêve de la jument", qui est la réplique d'un épisode qui avait eu lieu durant son enfance. Dans son rêve, Raskolnikov se voyait, alors qu'il était âgé d'environ sept ans, se révolter contre les mauvais traitements qu'un paysan sadique infligeait à une pauvre vieille haridelle. Après l'avoir sauvagement battue, et furieux que la bête tardât à mourir, l'homme avait achevé la jument **avec une hache**.

À l'enfant désespéré qui implorait son père et lui demandait en sanglotant : *"Mon petit papa ! Pourquoi ont-ils... tué... le pauvre cheval ?"* Celui-ci avait répondu : *"Ils sont ivres... Ils font des bêtises... ce n'est pas notre affaire... viens !"*

Or, lorsque le père, le représentant de la loi, se détourne et se désintéresse du sort injuste fait à la bête, il manque à son devoir essentiel : enseigner à son fils à distinguer entre le bien et le mal, c'est-à-dire aussi entre le permis et l'interdit, autrement dit encore il ne lui apprend pas à respecter la loi.

Le rêve de Raskolnikov devenu adulte lui montre que les pères sont des lâches, qui laissent souffrir injustement les plus faibles. L'enfant du rêve, pas plus que l'adulte qu'il est devenu, ne peut faire confiance à l'autorité supérieure car si son père ne sait que fuir lâchement : *"ce n'est pas notre affaire"*, le laissant seul face à son désarroi et à sa révolte, alors la justice des hommes n'est pas respectable et la justice divine n'existe pas.

Or, lorsqu'il avait fait ce rêve, Raskolnikov était déjà presque décidé à devenir un assassin... presque, car si "quelqu'un", si un souvenir était venu l'aider, il aurait pu l'empêcher d'accomplir un tel forfait : *"Mon Dieu, s'exclama-t-il, est-il possible, est-il donc possible que je prenne vraiment une hache, que je la frappe sur la tête, que je lui fracasse le crâne... je glisserai dans du sang gluant et tiède, je forcerai la serrure, je volerai et tremblerai, je me cacherai, tout couvert de sang... avec la hache... Seigneur, est-ce possible ?*

Mais son seul souvenir lui montrait un sadique frappant une bête sans défense **avec une hache**, et il n'y avait personne pour sauver ni la vieille haridelle, ni la vieille femme... ni son assassin. Raskolnikov disait à Sonia : *"Est-ce la vieille que j'ai assassinée ? C'est moi que j'ai tué, et non la vieille ! Là, au même moment, je me suis bel et bien achevé d'un seul coup, à jamais !..."*

Quant à ceux qui auraient dû être des modèles, tout cela *"n'était pas leurs affaires"*.

TROISIÈME PARTIE

LE SADOMASOCHISME DES SOCIÉTÉS

CHAPITRE I

La non-violence : Gandhi et Baba Amte

En prenant les Camps de concentration comme exemple, j'ai décrit les rapports sadomasochistes qui s'étaient instaurés entre des personnes qui n'étaient pas elles-mêmes masochistes, mais qui avaient été contraintes par le sadisme des nazis à avoir une **position masochiste**, et comment une telle position avait favorisé l'émergence du sadisme de leurs gardiens, dont certains n'étaient pas vraiment des sadiques à leur arrivée au camp.

À l'excitation sadique que favorisait une telle position masochiste venait en outre s'ajouter le sadisme des chefs nazis, qui devenaient naturellement les modèles d'identification de leurs nouveaux subordonnés. Une telle accumulation provoquait inévitablement, chez tous ceux qui avaient une position de domination, l'extrême sadisme dont furent victimes les déportés, sadisme qui a abouti à la mort de la plupart d'entre eux et aux indicibles souffrances de tous.

Pour un certain nombre d'êtres humains, par contre, prendre conscience qu'il existe des victimes aboutit heureusement à un résultat inverse : être mis en présence d'un groupe en situation masochiste réveille en eux leur propre partie masochiste, et ils se mettent à souffrir par empathie avec ceux qui souffrent ; alors ceux qui, au début, étaient du côté de l'emprise et du sadisme, deviennent "les meilleurs des hommes".

Le livre de Mme Beecher-Stove, *"La case de l'oncle Tom"* en est un bon exemple ; si de tous temps certains privilégiés ont désiré renoncer à leurs privilèges - ou à une partie d'entre eux - par souci de justice, c'était généralement le fait d'individus isolés ou de tout petits groupes. Dans le cas de l'abolition de l'esclavage, au contraire, c'est une grande partie du peuple d'Amérique du Nord qui a accepté de faire le sacrifice d'une certaine quantité de ses biens et même, pour beaucoup de citoyens, de faire le sacrifice de leur propre vie pour réparer une injustice.

Il est vrai que la guerre de Sécession a eu également des raisons beaucoup moins nobles et qu'en sous-main des dirigeants se sont servis de la ferveur populaire pour aboutir à leurs fins ; mais cela ne change rien au fait que la plupart des nordistes partirent à la guerre pour des raisons morales : on sait que l'hypocrisie est un hommage que le vice rend à la vertu et, en se drapant dans la noblesse de l'anti esclavagisme, ces dirigeants rendaient un hommage aux sentiments moralement élevés de la plus grande partie des habitants de leur pays.

Cela est accepté et reconnu, car chacun admet le fait que la prise de conscience qu'avait suscitée la lecture de *"La case de l'oncle Tom"* avait été déterminante dans le changement des mentalités des nordistes, par rapport aux souffrances et aux injustices que permettait l'esclavage.

De la même façon et pour les mêmes causes, le refus de tant d'Américains d'accepter la guerre du Viêt-nam contribua grandement à obliger leur gouvernement à mettre fin à celle-ci ; et on pourrait même presque dire qu'une photo, celle de la petite Vietnamienne qui, brûlée vive par le napalm, s'enfuyait en hurlant, a été décisive : en bouleversant les Américains (et le monde entier) et en les rendant honteux d'eux-mêmes et de ce que faisait leur pays, elle a, par son impact et sa force de représentation, réveillé leur culpabilité et changé leur pulsion d'emprise en désir de réparation.

Le sadomasochisme des sociétés - la somme de celui des individus qui la composent, évidemment - peut donc avoir plusieurs destins.

Tantôt le sadisme de cette société est si fort et la réaction des victimes et de leurs alliés si faible que c'est le sadisme qui l'emporte, et le peuple dominant continue à écraser celui qu'il domine.

Tantôt c'est grâce à leur force de persuasion et en utilisant leur faiblesse elle-même que les dominés parviennent à retourner la situation à leur avantage, et c'est alors par la non-violence que le masochisme change de camp.[65]

Tantôt encore le masochisme d'un peuple est tellement prégnant que celui-ci se laisse envahir et sadiser par un autre peuple pratiquement sans se défendre : il s'agit alors de guerres perdues d'avance.

L'étude du sadomasochisme des sociétés nous apprend, comme nous allons le voir, que, si le masochisme de l'un réveille le sadisme de l'autre, il peut aussi aboutir à un tout autre résultat lorsque plusieurs conditions sont réunies :

il faut qu'une partie importante (ou particulièrement persuasive) des dominants ait un Surmoi exigeant ;

il faut que le dominé soit capable de mobiliser la culpabilité du dominant ;

il faut enfin qu'il soit lui-même dépourvu (ou qu'il apparaisse comme dépourvu) de toute agressivité, de tout sadisme.

Si ces conditions sont réunies, **les sadiques et les masochistes moraux** échangent leurs rôles.

---

[65] Le cas où la *force des armes* change de camp est un tout autre problème, qui ne peut pas être pris en compte ici.

La non-violence

Le Surmoi collectif (que, compte tenu de certaines différences, on peut aussi appeler conscience morale collective) me semble être actuellement plus présent que dans les siècles passés, essentiellement dans les pays - peu nombreux - qui sont des "États de droit", ce qui me semble être la preuve (timide) d'un début de progrès de l'humanité.

Le Surmoi, en effet, est l'ingrédient indispensable de la réussite de la non-violence, tout comme il l'est, dans un couple, de la permutation des deux termes de la pulsion sadomasochiste.

L'apôtre le plus connu de la doctrine dite de la "non-violence" est un Indien, le Mahatma Gandhi, dont le maître lointain fut le Christ.

Celui-ci disait : *"Vous avez appris qu'il a été dit : Tu aimeras ton prochain et tu haïras ton ennemi. Eh bien, moi je vous dis : aimez vos ennemis, priez pour vos persécuteurs ; ainsi vous serez les fils de votre Père qui est aux cieux, car il fait lever le soleil sur les méchants et sur les bons et tomber la pluie sur les justes et sur les injustes."* [66]

Et encore : *"Vous avez appris qu'il a été dit : œil pour œil et dent pour dent. Eh bien, moi je vous dis de ne pas tenir tête au méchant : au contraire, quelqu'un te donne-t-il un soufflet sur la joue droite, tends lui encore l'autre"* [67].

De tels passages avaient inspiré Gandhi et lui faisaient dire que Jésus avait changé la loi de Moïse *"de telle façon qu'elle devint une loi nouvelle ; ne plus rendre œil pour œil et dent pour dent, mais être prêt à recevoir deux coups quand on vous en a donné un et à faire deux kilomètres quand on vous demande d'en faire un."* [68]

Le but de Gandhi, cependant, n'était pas que ses disciples s'identifient à leur père divin ; il voulait arriver à chasser les occupants

---

[66] Matthieu 5, 44-45.
[67] Matthieu 5, 38-39, cité par Françoise Vaillant in *"La non-violence"*, Ed. Cerf 1990.
[68] Mahatma Gandhi, *"What Jesus means to me"*, cité par Jean-Marie Muller in *"Gandhi, la sagesse de la non-violence"*, Desclée de Brouwer 1994.

anglais de son pays en utilisant la faiblesse de ses concitoyens comme une arme pour faire plier ceux qui se disaient leurs maîtres : *"Je cherche à émousser complètement l'épée du tyran non pas en le heurtant avec un acier plus effilé, mais en trompant son attente de me voir lui opposer une résistance physique. Il trouvera chez moi une résistance de l'âme qui échappera à son étreinte. Cette résistance d'abord l'aveuglera et ensuite l'obligera à s'incliner."*[69]

Gandhi avait donné deux principes de base à ce que l'Occident a nommé la "non-violence".

Le premier de ces principes est *"Ahimsa"*, précepte religieux qui ordonne de ne pas nuire et donc, au premier chef, de ne tuer ni blesser aucun être vivant. Les Jaïns (une secte religieuse indienne), par exemple, respectent ces préceptes à la lettre et sont évidemment végétariens ; mais ils poussent le respect de la vie jusqu'au point de filtrer, par un voile placé sur leur bouche, l'air qu'il respirent et, lorsqu'ils marchent, de prendre soin de balayer devant leurs pieds afin de ne pas risquer de détruire une vie en l'écrasant par mégarde.

Le deuxième principe donné par Gandhi est *"Satyagraha"*, qu'on traduit par : *"force de la vérité"*, et qui désigne les seuls moyens de se défendre qui soient autorisés : non-violence, résistance passive, persuasion, force d'inertie (que l'on voit par exemple agir dans les sit-in), pacifisme, non-coopération, etc.

Chacun de ces moyens d'obtenir la victoire sans user de procédés violents et destructeurs doit être choisi suivant son efficacité en tel lieu et à tel moment. Pour l'Inde, par exemple, Gandhi avait choisi la non-coopération car il avait compris *"que le recours aux armes était impossible et indésirable, et le seul mode de résistance véritable au gouvernement était de cesser de coopérer avec lui"*.

Il récusait, en effet, une des deux possibilités qui peuvent faire aboutir une demande : la première est le recours à la force des armes mais elle est malfaisante puisqu'elle vise la destruction de l'adversaire. *"Le deuxième type de force peut s'exprimer ainsi : si vous n'accédez pas à nos exigences, nous ne serons plus vos requérants ; vous ne pouvez nous*

---

[69] Gandhi, *"Lettres à l'ashram"*.

gouverner que tant que nous restons les gouvernés ; nous n'entretiendrons plus aucune relation avec vous."[70]

Ainsi, expliquait Gandhi, *"le pouvoir des gouvernants peut être réduit à rien si les gouvernés leur opposent leur refus de se soumettre à leur autorité"*.

Et son biographe Jean-Marie Muller rapporte que, pour le Mahatma, ce qui fait la puissance de l'Empire britannique aux Indes, ce n'est pas la capacité de violence des Anglais mais bien la capacité de soumission des Indiens. *"Ce ne sont pas tant les fusils britanniques,* affirmait le Mahatma, *qui sont responsables de notre sujétion que notre coopération volontaire."*[71]

Et Gandhi confirme, dans *"Tous les hommes sont frères"* : *"Le gouvernement n'a aucun pouvoir en dehors de la coopération volontaire ou forcée du peuple qui la lui donne entièrement. Sans notre appui, cent mille Européens ne pourraient même pas tenir la septième partie de nos villages."*[72]

On reconnaîtra là sans peine ce que je pense moi-même à propos des masochistes : ce sont eux qui font la force de ceux qui les sadisent et, en appliquant un équivalent **privé** à la non-coopération prônée par Gandhi pour le bien **public**, ils peuvent réduire à rien la force de leur tourmenteur.

Bien des sociologues, philosophes et hommes politiques ont réfléchi sur la non-violence et ont voulu connaître quels étaient les facteurs qui lui permettaient de réussir. Ils citent généralement l'existence d'une cohésion sociale, la force du nombre, l'organisation minutieuse des actions et la discipline qu'elle impose aux participants, la présence d'une autorité reconnue comme légitime par les non-violents et enfin la médiatisation du conflit.

À toutes ces raisons sociales que je n'écarte nullement, je voudrais en ajouter une, psychologique, et qui est primordiale : c'est la capacité, pour les non-violents, d'estimer avec justesse la possibilité de changer en masochisme la pulsion sadique d'emprise de leurs adversaires et **d'en trouver les moyens psychiques**.

---

[70] Gandhi, *"Résistance non-violente"*.
[71] *Ibid.*
[72] Gandhi, *"Tous les hommes sont frères"*.

Autrement dit, de découvrir les ressorts psychologiques qui pourront susciter chez ceux qui les dominent un sentiment de culpabilité au sujet de ce qu'ils leur font subir.

Nous savons que la culpabilité est la "mère du masochisme" et que c'est un sentiment tellement pénible que le dominateur fera tout pour y échapper.

Mais, pour que celui-ci consente, et même se sente obligé d'inverser son sadisme en masochisme, il est absolument nécessaire que la cause des non-violents et les non-violents eux-mêmes soient d'une moralité irréprochable, et en tout cas d'une moralité supérieure à celle des hommes qui les dominent, faute de quoi le Surmoi de ces derniers ne leur fera aucun reproche.

Ce sont en effet les reproches de leur Surmoi qui vont déterminer leur changement : en déclenchant leur sentiment de culpabilité, ils vont faire s'inverser leur sadomasochisme, les faire basculer du côté du masochisme et les pousser à réparer leurs torts.[73]

C'est pourquoi les grèves ou le boycott, tout en n'employant pas la violence pour triompher, ne font pas partie de la non-violence ; il s'agit toujours, en effet, de montrer qu'on est le plus fort et qu'on est capable de gagner. Les non-violents, au contraire, se désignent comme les plus faibles, et c'est le dominant qui doit, de lui-même, renoncer à sa force parce qu'il se reconnaît comme coupable.

La vie de Gandhi nous offre deux exemples contraires, dont l'un montre clairement que la non-violence ne peut pas triompher lorsque l'adversaire refuse de laisser se développer son masochisme, et l'autre qu'il perd par contre toute puissance **lorsqu'il reconnaît que le droit moral est du côté de Gandhi.**

Le premier de ces exemples se situe au mois d'avril 1919, le deuxième au mois de mars 1922.

Le massacre d'Amritsar : en 1919 des manifestations pacifiques devaient se dérouler partout aux Indes. Mais celles-ci laissèrent très souvent la place à de graves désordres, en général à cause de la répression brutale de la police.

---

[73] Ceci ne saurait évidemment pas concerner les vrais pervers.

Le 13 avril, le général Edward Harry Dyer apprit qu'une foule devait se réunir ce même jour à 16 heures 30 sur la place Jiallianwala Bagh, à laquelle on ne pouvait accéder que par une seule et étroite ruelle. La foule était venue à cette manifestation et s'était trouvée entassée dans une véritable souricière lorsque, sans sommation, Dyer ordonna à ses troupes d'ouvrir le feu sur ces gens désarmés et qui ne pouvaient fuir.

Il y eut un massacre : 400 morts et 1200 blessés suivant les chiffres officiels ; beaucoup plus d'après les sources indiennes, les familles et amis des victimes ayant préféré se charger de leurs blessés et de leurs morts plutôt que de les laisser aux bons soins des Britanniques.

Le gouverneur du Pendjab, Sir Michael O'Dwyer avait approuvé l'action de Dyer, et des manifestations en sa faveur eurent lieu en Inde et en Angleterre où, paraît-il, les Anglaises se montrèrent ses plus ferventes admiratrices. On lui offrit même une épée incrustée de pierres précieuses en remerciement de ce fait d'armes.

Ni Michael O'Dwyer, ni Dyer, ni leurs défenseurs n'avaient la moindre propension à endosser une quelconque culpabilité, ni au sujet de ce massacre, ni à celui de la façon dont leurs compatriotes se comportaient vis-à-vis des Indiens.

Tout autre est l'épisode de mars 1922, qui se situe lors de la comparution de Gandhi devant le tribunal britannique présidé par le juge Broomfield, sous l'inculpation de sédition.

Gandhi avait plaidé coupable et avait même commencé par faire l'éloge du ministère public, qui l'accusait à juste titre avait-il affirmé : *"parce qu'il est tout à fait vrai, et je n'ai aucune envie de le cacher à cette cour, que prêcher désaffection et hostilité contre le système de gouvernement existant* (anglais) *est devenu presque une passion pour moi".*

Puis, après avoir expliqué la nature et les buts de la non-violence, il avait ajouté : *"Je ne demande aucune circonstance atténuante. Je suis ici pour me soumettre, l'âme légère, aux peines les plus lourdes qui pourront m'être infligées."*

Il avait fait ensuite, quoique avec calme et courtoisie, le procès de la domination britannique, expliquant qu'elle avait détruit les forces traditionnelles du pays qui ne pouvait plus, désormais, résister aux famines, et que la loi qui était imposée à ses concitoyens était exclusivement au service des intérêts des Anglais.

Après avoir ajouté que c'était un honneur pour lui que d'avoir écrit les articles incriminés, il avait de nouveau réclamé la plus lourde peine possible et, s'adressant au juge, il lui avait dit : *"Vous n'avez qu'une alternative, Monsieur le juge : soit vous démissionnez de la charge que vous occupez, et vous vous dissociez ainsi du mal, si vous pensez qu'en réalité je suis innocent ; soit vous m'infligez la peine la plus sévère, si vous pensez que le système que vous contribuez à administrer est un bien pour ce peuple."*

Par ce discours, Ghandi avait rendu le juge Broomfield directement responsable de la peine qu'il allait devoir lui infliger ; il lui avait dit qu'il pouvait se désolidariser du mal en démissionnant, c'est-à-dire qu'il pouvait se retrouver du côté de la morale et de la vraie justice. Mais, s'il ne le faisait pas, alors il devait prendre ses responsabilités jusqu'au bout en lui infligeant la plus lourde peine. Autrement dit Gandhi ne permettait aucune échappatoire au juge, qui ne pouvait ainsi plus se réfugier derrière sa fonction : c'était l'homme lui-même que le prévenu mettait en cause.

Le juge Broomfield avait été très touché par ce discours, si bien qu'il lui avait répondu : *"Je pense qu'il y a, en Inde, une grande majorité de gens qui regrettent sincèrement que vous vous soyez mis dans une situation qui rende impossible à n'importe quel gouvernement de vous laisser en liberté."* Puis il avait ajouté : *"Si le cours des événements en Inde rendait possible pour le gouvernement de réduire cette période et de vous acquitter, personne ne pourrait en être plus heureux que moi."*

Condamné à six ans de prison, Gandhi fut remis en liberté au bout de vingt-trois mois.

Autant on voit, dans le premier épisode, les dominants n'être touchés en rien par la position masochiste des dominés, justement venus se présenter sans armes à leur bourreau - on les voit même être fiers de la répression -, autant le deuxième épisode nous montre un renversement de la situation, provoqué par la mise en évidence par Gandhi de la non-puissance des Indiens et de lui-même, leur représentant.

En effet Gandhi, au cours de ce procès, n'avait pas seulement pris une position masochiste, il l'avait poussée à son paroxysme : non seulement il se montrait totalement dans le pouvoir du juge - représentant du gouvernement de l'oppresseur -, non seulement il ne s'était pas défendu, puisqu'il avait plaidé coupable, mais il était allé jusqu'à réclamer pour lui-même la plus lourde des peines.

Attitude typiquement masochiste mais, naturellement aussi, prise active du pouvoir : si vous ne vous désolidarisez pas de votre pays, alors condamnez-moi, avait-il ordonné à celui qui était chargé de le juger. Autrement dit, c'était l'accusé qui dictait son devoir au juge.[74]

Puis, toujours dans la même perspective, c'était lui, le coupable potentiel, qui culpabilisait le juge au nom d'une morale plus haute : le crime de ceux que vous accusez, lui avait-il dit, c'est d'aimer leur pays et *"c'est un sentiment qui ne peut être ni imposé, ni réglé par la loi"*.

Et tout au long de son procès il n'avait cessé de redire à Broomfield qu'il était partie prenante dans les agissements de la Grande-Bretagne ; or, ceux-ci causant la ruine de l'Inde, il devait nécessairement prendre sa part de responsabilité dans cette ruine : *"Si vous pensez que le système que vous contribuez à administrer est un bien pour ce peuple et que mon action est dommageable à la prospérité du pays"* alors, condamnez-moi lourdement.

Autrement dit, il récusait par avance le *"Je n'ai fait qu'obéir aux ordres"* qui a donné bonne conscience à tant de bourreaux ; non, disait Gandhi, regardez les choses en face, c'est vous qui êtes ici et si vous me condamnez, c'est que vous êtes solidaire de ces iniquités et donc responsable de la mort par famine de centaine de milliers de malheureux.

Il faut donc impérativement, pour que la non-violence triomphe, non seulement que sa cause soit juste et qu'elle soit moralement inattaquable, mais encore qu'elle s'adresse à des personnes ou des groupes qui aient à la fois les mêmes valeurs culturelles que ceux qui utilisent la non-violence et surtout un Surmoi bien présent.

---

[74] Dans un tout autre contexte, nous avons vu le même rapport se produire entre Raskolnikov et son juge.

C'est ainsi que, pour déstabiliser son juge, Gandhi avait fait appel à leurs valeurs morales communes, de celles que tous deux estimaient être les plus hautes : l'amour de son pays et le sentiment de justice.

Toute la force, même celle des armes, reste impuissante devant une telle situation puisque, justement, l'un des deux protagonistes se reconnaît comme vaincu avant même les hostilités et ne peut plus se servir de la puissance de ses armes.

Un autre exemple nous est donné par le combat que Baba Amte, un "saint homme" indien, mena et gagna (au moins provisoirement) contre le gouvernement de son pays et la puissante compagnie du barrage de la Narmada. C'est un journaliste, Marc Epstein, qui nous en a rapporté le premier épisode.[75]

Lorsqu'il avait appris le projet du gouvernement Indien au sujet de la Narmada, Baba Amte avait décidé qu'une chose pareille n'était pas tolérable. Il s'agissait en effet d'établir sur ce fleuve - un des cinq fleuves sacrés de l'Inde - un gigantesque barrage, l'un des plus grands jamais imaginés par l'homme.

Baba Amte alla donc s'établir en face de l'endroit où aurait dû se faire la profanation et, depuis lors (lorsque le récit nous parvint il y avait déjà un an et demi qu'il s'était posé là) il était resté allongé sur son lit, contemplant le fleuve sacré de sa fenêtre.

Il ne s'autorisait qu'une courte promenade quotidienne au lever du jour *"parce que c'est si beau"* disait-il et, tout le reste de la journée, il s'affirmait heureux d'être la sentinelle qui gardait l'intégrité du fleuve.

Baba Amte avait alors soixante-dix-sept ans ans, et certains disaient qu'il se suicidait en restant dans cette même position toute la journée.

Mais, par sa présence obstinée sur les rives du fleuve, le vieux sage avait voulu obliger le gouvernement à abandonner son projet : *"J'espère, avait-il déclaré, que le monde écoutera le bruit assourdissant de mon silence. Sans quoi, je veux bien périr noyé."*

---

[75] Marc Epstein, "Baba Amte, la sentinelle du fleuve sacré", in *"L'Express"* 1991.

Il n'avait pas encore - en 1992 - obtenu pleine satisfaction, mais les officiels avaient cependant promis de reconsidérer leur plan et de trouver un moyen de n'abîmer ni le fleuve ni son environnement.

Pour que la promesse soit tenue il faudrait évidemment qu'à la mort de Baba Amte le flambeau soit repris par d'autres, et on peut penser que le gouvernement ne faisait que temporiser en attendant sa mort.

Mais cette image d'un homme qui réussit, à lui tout seul, à se montrer plus fort qu'un puissant gouvernement et à le faire reculer (fût-ce pour un temps) est parlante.

Il faut bien évidemment tenir compte du fait que Baba Amte n'était pas vraiment seul lors de son combat pour le fleuve et que les autorités composaient non par bonté mais parce que chasser le vieil homme aurait mobilisé des milliers d'Indiens (la cause de la Narmada avait été si bien médiatisée qu'elle avait même franchi les frontières de l'Inde et que le gouvernement de Tokyo, par exemple, s'était retiré du financement du projet) ; les Indiens, éveillés par le combat de Baba Amte, se seraient dressés en masse contre leur gouvernement si celui-ci avait passé outre le sacrifice de leur saint homme.

Et c'est là une autre condition indispensable à la victoire des non-violents : la mobilisation, par la grâce des médias, de tous ceux qu'une cause juste est capable de mobiliser.

Une autre condition encore est nécessaire à la victoire des non-violents, c'est la crédibilité de leurs demandes. Baba Amte, tout comme le Mahatma, s'il rêvait le futur, n'était pourtant pas un doux rêveur. C'est ce que montre un des épisodes de son histoire : le jeune Amte, qui était d'une famille de brahmanes, découvrit pour la première fois la misère de certains de ses concitoyens lorsque, en tant que maire adjoint de la ville de Warora (état de Maharashtra), les vidangeurs de latrines vinrent se plaindre à lui de la pénibilité de leur travail. Il lui proposèrent de venir se rendre compte par lui-même de ce que signifiait être un intouchable ; et lui, le brahmane, les écouta et alla même vider des latrines toutes les nuits pendant un an, ce qui était non seulement un travail très dur et répugnant mais aussi un travail tout à fait scandaleux pour un homme de la plus haute des castes.

Cette découverte d'un autre univers fut un puissant premier choc émotionnel, qui transforma celui que sa naissance avait mis en position de dominer absolument les castes inférieures en un masochiste, prêt à abandonner tous les avantages que lui avait donnés sa famille pour se mettre au service de ceux qui étaient des intouchables, si inférieurs qu'ils étaient des "sans caste".

Déjà ébranlé par cette découverte et prêt au sacrifice, il avait fait une autre rencontre encore plus décisive, celle d'un lépreux en phase terminale.

Il avait alors décidé de consacrer sa vie à ceux qui étaient encore bien plus malheureux que les plus miséreux des intouchables.

En 1949, il était donc allé construire un refuge pour lépreux dans une des régions les plus désolées du pays, refuge qu'il avait baptisé "Anandwan", c'est-à-dire "la forêt de la joie".

Lorsqu'il y était arrivé, il était seul avec sa femme, ses deux fils - dont le plus jeune avait deux ans et demi -, six lépreux, une vache et l'équivalent de cinq francs français. Et cependant, quarante ans plus tard, le village possédait 180 hectares de terres cultivées et la plupart des lépreux étaient guéris et y travaillaient.

Tout saint homme qu'il fût, Baba Amte était donc un réaliste et un homme d'action, et il ne faut pas s'étonner de voir qu'il ne s'est pas contenté de refuser un barrage dont le gigantisme menaçait tout l'équilibre écologique de la région : *"Aux ingénieurs qui affirment que seuls les grands barrages pourront mettre fin aux périodes cycliques de sécheresse, Baba Amte réplique que le coût financier et humain dépasse les bénéfices escomptés. Et il propose un contre-projet, fort détaillé, impliquant un plus grand nombre d'édifices, mais de taille plus réduite"*, écrit Marc Epstein.

Amte était devenu Baba Amte (Baba signifie à la fois "papa", "l'aîné" et "le sage") et, à soixante-dix-sept ans, vieux et malade, il s'était montré plus fort que le lobby du barrage.

Les grèves de la faim

Les solutions non-violentes que l'on peut opposer à la pulsion d'emprise d'un peuple dominateur ne sont non-violentes qu'au niveau physique, et c'est le seul qui soit généralement pris en compte. Au niveau psychique, au contraire, les non-violents exercent une pression d'une puissance telle qu'ils en arrivent à inverser les rôles et à sadiser moralement ceux qui les sadisaient matériellement.

Cela était déjà visible lors des actions menées par Gandhi, ce l'est peut-être encore davantage lors des grèves de la faim.

Mais pour réussir un tel exploit, il faut, ainsi que je l'ai déjà indiqué, défendre une juste cause, être soi-même vraiment non-violent et moralement inattaquable, puisqu'on s'adresse au Surmoi de ceux qu'on combat.

Par exemple, durant une grève de la faim que menèrent d'avril à septembre 1981 des combattants de l'IRA qui étaient prisonniers des Anglais, l'IRA commit la tragique erreur de continuer à perpétrer des actes de violence terroriste.

Ce faisant, ses membres ôtaient à leurs camarades grévistes de la faim la caution morale de leur non-violence ce qui, nous le savons, est pourtant indispensable à la victoire.

Madame Thatcher, alors Premier ministre de Grande-Bretagne avait dès lors eu beau jeu de ne pas céder et elle laissa en effet mourir de faim dans leur prison Bobby Sands et neuf de ses compagnons : puisqu'ils n'étaient plus moralement inattaquables, leur grève avait perdu la plus grande part de son impact sur le Surmoi des Britanniques, qui les laissèrent mourir sans réagir.

"La question de savoir si leur cause était juste ou non n'était donc pas décisive. Les grévistes de l'IRA ne pouvaient paraître innocents, puisque leurs camarades continuaient à pratiquer la violence"[76], écrivent Christian Mellon et Jacques Semelin.

L'opinion publique anglaise ne prit donc pas fait et cause pour Bobby Sands et ses amis, car elle ne pouvait pas les considérer

---

[76] Christian Mellon et Jacques Semelin, *"La non-violence"*, "Que sais-je ?", P.U.F. 1994.

comme les martyrs d'un mouvement pacifique. Les médias britanniques, par exemple, montrèrent en parallèle l'enterrement de Charles Ellis - un policier abattu par l'IRA - et celui de Bobby Sands, et les deux hommes furent perçus comme les victimes de la violence irlandaise. Si bien que les Anglais furent fort étonnés de constater que l'opinion internationale avait réagi différemment et qu'elle s'était émue pour le sort de l'Irlandais et nullement pour celui de l'Anglais.

Tout autre fut le "jeûne à mort" qu'entama Gandhi et qui mit fin, **en quatre jours seulement,** aux massacres entre hindous et musulmans.

En risquant sa vie, **(en se tuant potentiellement)**, le Mahatma inversait la situation : en prenant la place de ceux qui tuaient, il les obligeait moralement à assumer la place de victimes innocentes, et donc à arrêter la tuerie.

Il y a évidemment une bonne dose de rouerie dans cette façon de procéder, et la manipulation des médias y tient la première place, ce que savait parfaitement Gandhi et ce que savent tous les non-violents ; Guillaume Mallaurie rapporte, par exemple, qu'étant allé interviewer les Kurdes qui faisaient la grève de la faim pour ne pas être expulsés de France, il s'entendit dire par un des grévistes : *"Il va falloir que vous ayez le cœur bien accroché, face à notre suicide, surtout après avoir versé de chaudes larmes sur nos frères les Kurdes d'Irak."* Il sous-entendait, évidemment, *"pour continuer à refuser nos demandes et nous laisser mourir"*.

CHAPITRE II

Les guerres perdues d'avance

Ce que j'appelle les guerres perdues d'avance, ne sont pas identiques aux combats que je viens d'exposer, leur ressemblent cependant fortement par les mécanismes sadomasochistes qu'elles mettent en jeu.

De telles guerres sont en effet perdues par le masochisme dépressif (on sait que la dépression, comme le masochisme, est pleine de dépréciation de soi-même) de certains peuples qui, lorsqu'ils sont agressés, s'identifient à l'agresseur.

L'attitude de ces peuples ressemble beaucoup à celle des "musulmans" des camps de concentration, dont l'identification à l'agresseur et le renoncement à tout droit de se battre ont entraîné la perte par inertie.

Seule une situation psychique masochiste, en effet, permet qu'une poignée d'hommes arrive à réduire en esclavage un peuple tout entier, ainsi que le montre la conquête de l'Amérique du Sud par les Espagnols.

Nous savons que c'est avec une toute petite armée que Pizarre, par exemple, défit l'empire Inca pourtant riche, discipliné et bien organisé. *"On ne parvient pas à comprendre"*, écrit l'historien R. Karsten *"comment l'aventurier espagnol François Pizarre a pu, avec une petite armée mal équipée d'un peu plus d'une centaine d'hommes et quelques cavaliers, renverser et conquérir un empire aussi vaste et aussi bien organisé que l'était l'empire Inca."*[77]

Je propose l'idée que les Incas étaient dans une période de leur histoire qui en faisait collectivement des masochistes prêts à accepter de se laisser dominer par ceux qu'ils croyaient être en droit de le faire.

Comment comprendre en effet, sans cette raison psychologique, que les quelques centaines d'Espagnols, qui s'avançaient dans une contrée dont ils ignoraient tout et qui était si différente de l'Europe, aient pu triompher d'ennemis infiniment plus nombreux qu'eux-mêmes.

Il est vrai que les Incas n'avaient que des arcs et des flèches à opposer aux armes à feu des Espagnols, mais ces armes étaient encore bien imparfaites et ne compensaient pas la connaissance que les Indiens avaient de leur territoire, dont ils savaient chaque chemin, chaque rivière, presque chaque arbre.

Les deux raisons psychiques de leur soumission furent, à mon sens, d'une part le fait qu'ils crurent reconnaître leur dieu Viracocha dans ces êtres à peau blanche surgis de la mer, et de l'autre le fait que les Incas traversaient, en 1531, une période de forte culpabilité collective.

Cette culpabilité avait plusieurs origines ; l'une d'entre elles dérivait de la haine qui dressait l'un contre l'autre les deux prétendants au trône de l'Inca, les deux frères ennemis Atahualpa et Huascar.

Ce conflit entre les deux héritiers de l'Inca décédé obligeait leurs sujets à un choix d'autant plus dramatique qu'il ne les contraignait pas seulement à choisir entre les deux chefs mais qu'il les entraînait aussi dans une guerre civile fratricide.

Nous connaissons la raison qui dressait les deux frères l'un contre l'autre, puisqu'elle fut donnée aux Espagnols par Garcilaso de la Vega, un prince de sang royal inca hispanisé.

---

[77] R.Karsten, *"La civilisation de l'empire Inca"*, Payot 1952.

L'affrontement des deux frères était inévitable, puisqu'il mettait en cause l'origine même de la théologie Inca : celle-ci affirmait que quatre cents ans avant la conquête espagnole, deux étrangers - un homme nommé Manco Capac et une femme, nommée Mama Ocollo - avaient abordé leurs ancêtres et leur avaient déclaré qu'ils étaient des enfants du soleil.

Cette filiation divine des deux étrangers leur avait permis de prendre le pouvoir ; monté sur le trône, Manco Capac avait enseigné l'agriculture à ses sujets masculins, tandis que Mama Ocollo apprenait aux femmes à filer et à tisser. C'était donc à partir de cette origine divine que le culte solaire caractérisait la religion inca.

Le règne de Manco Capac avait duré une quarantaine d'années puis, avant de mourir, il avait réuni les principaux habitants de son Empire et leur avait fait jurer de respecter les lois et institutions qu'il leur avait données.

Parmi celles-ci, il y en avait une qui stipulait que seuls ses descendants pouvaient devenir inca et que de plus celui qui était appelé à régner devait avoir une double ascendance solaire : du côté maternel aussi bien que du côté paternel. Cela entraînait, comme pour les pharaons, la nécessité de se marier entre frère et sœur : *"L'Inca est un personnage semi-divin durant son existence et devient un dieu après sa mort. Son corps momifié est porté sur la grand-place de Cuzco lors des fêtes rituelles. Le grand prêtre fait partie de la famille impériale. Le panthéon religieux est constitué par le soleil, la lune, sa sœur-épouse et le tonnerre. Les nobles, et eux seulement, portent un culte particulier à Viracocha, le créateur."*[78]

Manco Capac avait cependant fait une terrible prédiction avant de mourir : lors du règne du douzième Inca l'Empire serait détruit.

Or, au moment de l'invasion espagnole, l'Inca régnant était justement Huayana Capac, **le onzième Inca depuis Manco Capac**, et il avait, de plus, gravement enfreint la loi en épousant en deuxièmes noces la fille du roi de Quito, dont il avait vaincu les armées et dont il avait soumis le royaume. Le descendant qu'il avait eu de cette femme étrangère ne pouvait donc en aucun cas devenir l'Inca.

---

[78] Gérard Chaliand, *"Miroirs d'un désastre, Chronique de la conquête espagnole de l'Amérique"*, Plon 1990.

Or, à sa mort, Huayana Capac laissait deux fils dont l'un, Huascar, était de double sang divin et donc légalement destiné à devenir le douzième Inca, tandis que l'autre, Atahualpa, le fils de l'étrangère, n'en avait pas le droit.

Mais Atahualpa ne s'était pas résigné à obéir à la loi et, ne pouvant légitimement prétendre au trône, il en avait dépossédé son frère par un coup d'état.

Par malheur, ce faisant, il avait violé la loi divine et provoqué la juste colère des dieux, qui devaient forcément lui retirer leur protection et, en châtiment, abandonner le peuple inca aux assauts des démons.

Cela paraissait d'autant plus inévitable aux Indiens que de nombreux et funestes présages venaient confirmer la prédiction de Huayana Capac, qui avait déclaré : *"Notre père le soleil m'a révélé qu'après le règne de douze Incas, ses enfants, apparaîtra dans ce pays une race d'hommes qui nous sont inconnus et qui doivent soumettre nos États. Soyez certains que ces étrangers arriveront dans ce pays et qu'ils accompliront l'oracle."* C'est pourquoi *"lorsque les Espagnols débarquèrent en 1531, les partisans d'Huascar les prirent pour des envoyés du grand dieu Viracocha, venant pour venger les torts causés à l'héritier légitime du trône".*[79]

Certains Incas, cependant, ne craignaient pas le retour de Viracocha et allaient même jusqu'à l'espérer, car ce retour devait leur rendre la paix et le bonheur perdus ; ceux-là accueillirent les Espagnols en libérateurs.

Pour les autres - ou peut-être parfois pour les mêmes, puisque nous savons bien que l'ambivalence est partout présente dans notre psychisme - ils avaient cru à l'interprétation que les devins leur avaient fournie sur le fait que *"Par une nuit très claire la lune était apparue dans un triple halo, le premier couleur de sang, le second d'un noir verdâtre et le troisième semblable à de la fumée."*

Le sens de cette apparition était le suivant : *"Le sang annonce une guerre fratricide entre les descendants de l'Inca ; le noir signifie la ruine de la*

---

[79] Karsten, *"La civilisation de l'empire Inca"*, Payot.

religion et de l'Empire ; le dernier halo indique que l'Empire s'en ira en fumée."

Ceci avait été corroboré par avance par l'Inca Huayana Capac lors de sa maladie, comme Garcilaso de la Vega l'avait révélé. Et J. C. Valla note : *"L'attitude de Huayana Capac à l'égard de ces étrangers, de ces 'Viracocha' qu'il n'avait pas encore vus, mais dont il pressentait la force magique, est révélatrice de l'état d'esprit d'une fraction au moins de l'aristocratie inca."*[80]

Tous les ingrédients d'une défaite annoncée et même désirée étaient présents : quelques-uns attendaient Viracocha et ses compagnons comme des rédempteurs de leurs fautes envers les dieux, et ils ne les avaient donc pas combattus.

Mais le plus grand nombre s'attendait au châtiment pour sa désobéissance : les devins avaient évoqué la lune et son triple anneau maléfique, l'Inca avait reçu de son ancêtre le soleil la révélation qu'ils étaient voués à être soumis par une race supérieure et donc, de toute façon, ils étaient destinés à accepter le rôle masochique d'hommes sans pouvoir ni importance, dominés par d'autres.

Les Incas légitimistes restèrent donc passifs devant l'invasion, puisqu'ils pensaient que ces hommes qui débarquaient leur avaient été envoyés pour rétablir les justes droits de Huascar ; ils remirent donc le soin de leur défense entre les mains de ces dieux blancs.

Les partisans de l'usurpateur n'eurent pas une attitude plus combative ; en effet, comme le note J.-C. Valla, *"Le général Calcuchima, chef de l'armée d'Atahualpa, accepta de rencontrer Pizarre à Cajamarca. Erreur tragique ! Voici que le chef de guerre le plus redouté de l'Empire choisit d'entrer de son plein gré dans ce qui va se révéler la pire des captivités."*

C'était donc *"de leur plein gré"* (comme le font les masochistes) que les partisans de Huascar, aussi bien que ceux d'Atahualpa, se soumirent sans combat à la loi des "dieux blancs" - dont ils avaient décidé qu'ils étaient les maîtres - et que ceux qui se battirent quand même le firent très mollement.

---

[80] J.C. Valla, *"La civilisation des Incas"*, Famot 1976.

Comment combattre vigoureusement, d'ailleurs, alors que leur Inca, Atahualpa, avait irrité les Dieux - ce qui livrait ses partisans aux Démons - et que celui qui commandait son armée, le général Calcuchima, s'était livré de lui-même aux démons/ennemis, entraînant Atahualpa et tous ses partisans dans sa chute.

Ces faits étaient venus réactiver une deuxième cause de culpabilité, que les Incas avaient réussi à refouler jusque-là : leur trahison envers leur seigneur Viracocha.

Celui-ci n'était pas le créateur de l'univers tout entier, puisqu'il intervenait dans un monde déjà créé mais encore inorganisé, obscur et plongé dans le chaos, et dont la nuit n'était percée que par la lueur fugace et phosphorescente que projetait le "Titi", énorme félin de feu juché sur la pointe rocheuse qui émergeait des eaux.

Le rôle de Viracocha était cependant primordial, puisque c'était lui qui devait transformer ce chaos primitif en cosmos organisé. Sa tâche était d'autant plus difficile qu'il avait besoin, pour la mener à bien, de la bonne volonté des hommes.

Naturellement (rappelons-nous le Veau d'or) il s'était heurté au mauvais vouloir et à la désobéissance des êtres humains qui l'abandonnèrent, préférant retourner à une vie animale et sans ordre.

Alors, *"Vaincu et désespéré, le Dieu plongea dans la mer avec tous les siens ou,* (suivant une variante), *il étendit son manteau sur la mer et disparut pour toujours au sein de l'Océan."*

Mais les Indiens incas ne furent pas les seuls Amérindiens à voir leur capacité de résistance à l'envahisseur minée par de funestes présages ; les Aztèques du Mexique et les Mayas connurent le même sort.

Gérard Chaliand cite quelques-uns des présages qui affaiblirent les capacités combatives des Aztèques ; un d'entre eux par exemple, révélé *"une dizaine d'années avant le débarquement des Espagnols"*, disait qu'était apparue dans le ciel *"une sorte d'épée de feu, une sorte de flamme de feu, comme une aurore : cela apparaissait comme un ruissellement, comme des lances dans le ciel"*.[81]

Après son apparition, cette épée de feu resta dans le ciel pour une année entière. *"Cela commença en l'an 12-Maison. Or, quand elle se montrait, c'était la panique générale : les gens se frappaient les lèvres de leurs paumes, il y avait un grand effroi ; on faisait des commentaires sans fin."*

Un autre présage concernait le palais d'Uizilopochtli qui brûla sans aucune cause humaine, ce qui était rendu évident par le fait que plus on essayait d'éteindre l'incendie en y déversant des seaux d'eau, plus le feu gagnait en intensité, et cela jusqu'à ce que tout ait disparu.

Un autre présage encore disait que sur le lac de Mexico : *"L'eau se mit à bouillir : le vent l'agita et la fit bouillonner. Comme si elle bouillonnait de furie... Son élan portait très loin, très haut. Elle atteignait les fondations des maisons et détruisit les maisons qui disparurent dans l'eau."*

Et aussi : *"Très souvent on entendait une femme pleurer, elle criait dans la nuit, elle poussait de grands cris : "Mes enfants, il nous faut aller plus loin."*

"Et parfois elle disait : mes enfants, où pourrai-je vous emmener ?"

Troublé par tant de mauvais présages, le roi Moctezuma envoya des émissaires aux nécromants qui avaient révélé les présages pour qu'ils l'éclairent sur les conséquences à en attendre.

Leur seule réponse fut : *"Que pouvons-nous dire ? Ce qui doit advenir a été dit et réglé dans les cieux... Ce qui doit advenir adviendra bientôt... il n'est que d'attendre."*

Après quoi ils s'enfuirent et disparurent, et cela avec raison puisque Moctezuma, après avoir pris connaissance de leur réponse, avait donné l'ordre de les tuer jusqu'au dernier ainsi que leurs femmes et leurs enfants.

De telles perspectives, cependant, n'étaient évidemment pas propres à ranimer le courage des Aztèques et elles facilitèrent grandement la tâche de Cortés.

---

[81] Gérard Chaliand, *"Miroirs d'un désastre"*, Plon 1990.

Les Mayas du Yucatán, pour des raisons semblables, ne connurent pas un meilleur sort ; ainsi dit la prophétie du Chilam-Balam de Chumayel :

Voici la face du Katun
Le Katun du treize Ahau
Le visage du soleil se brisera
Il tombera en morceaux sur les dieux d'aujourd'hui.
Cinq jours durant le soleil sera mordu, tous nous le verrons
Voici l'image du treize Ahau."

Tandis que le Chilam-Balam de Mani prophétisait :
"La Croix sera dressée au-dessus des peuples
pour qu'elle illumine la Terre...
Seigneur, sa parole pénétrera les peuples de la terre
du Nord ; de l'Orient viendra le Maître.
... Reçois tes hôtes, les hommes barbus
Les porteurs du signe de Dieu."

Les Mayas écoutèrent la prophétie et mal leur en prit, car les Espagnols se montrèrent d'une cruauté inouïe envers eux, coupant bras, jambes et têtes, réduisant en esclavage ceux qu'ils n'avaient pas estropiés ou tués.

Le livre de Chumayel dit : *"Au onze Ahau commence le compte, car pendant ce katun vinrent les étrangers, ceux qui venaient de l'Orient lorsqu'ils arrivèrent. Alors commença le christianisme...*

À cause du temps insensé, des prêtres insensés, seulement à cause d'eux, la tristesse nous a envahis. Car les très chrétiens sont venus ici avec leur vrai Dieu : mais ce fut le début de notre misère, le début du tribut, le début de l'aumône, l'apparition de la discorde cachée, la raison des luttes avec des armes à feu, des injustices, du dépouillement, de l'esclavage pour dettes, des dettes sans fin, de la discorde continue, de la souffrance. Ce fut le début de l'œuvre des Espagnols et des prêtres."[82]

On voit donc que le masochisme peut, suivant les circonstances et la capacité de changement des masochistes eux-mêmes, avoir des destins contraires.

---

[82] *Ibid.*

Les masochistes - personnes ou groupes - peuvent accepter et même rechercher la situation qui est la leur.

Mais ils peuvent aussi inverser leur sadomasochisme et celui de ceux qui les tiennent sous leur contrainte. Tel est le cas des non-violents, qui arrivent à faire changer de camp la soumission en réveillant la culpabilité et le Surmoi de leur adversaire : il faut pour cela que les non-violents respectent eux-mêmes certaines règles, mais aussi **que leurs adversaires aient un Surmoi suffisamment développé pour qu'ils puissent être culpabilisés**, ce qui n'est pas toujours le cas, comme on l'a vu avec le général Dyer.

Il peut aussi arriver que, par leur identification à l'agresseur, les membres d'un groupe, au lieu de résister, s'enfoncent de plus en plus dans leur masochisme, fournissant ainsi à leurs ennemis des armes pour se faire battre, comme il en fut pour divers peuples d'Amérique du Sud.

CONCLUSION

On admet généralement que le sadique est l'élément actif du couple sadomasochiste alors qu'un examen attentif montre que le désir d'être tourmenté qui agite le masochiste est au moins aussi actif que le besoin de tourmenter qui pousse le sadique ; je pense même qu'il est plus puissant et que c'est la force de la pulsion du masochiste qui va réveiller la pulsion d'emprise - sadique - de son partenaire, même lorsque celui-ci avait jusque-là réussi à réprimer ou à sublimer cette pulsion.

Mais si on admet que le masochisme de l'un déclenche le sadisme de l'autre, on doit récuser l'existence d'une névrose de destinée et on doit ramener l'origine des malheurs constants qui accablent le masochiste moral non plus à un destin contraire mais uniquement à des compulsions de répétition d'origine névrotique.

De même qu'il faut refuser la prétendue passivité du masochiste, il faut aussi refuser l'idée que le masochisme serait essentiellement féminin ; si on rencontre effectivement plus de femmes masochistes que d'hommes masochistes, cela n'est pas dû - ainsi que par ailleurs le soutient Freud - à la part féminine de chaque être, mais bien à l'indispensable masochisme maternel.

Celui-ci est en effet nécessaire à la survie de l'espèce, qui exige que la mère accepte avec joie les malaises de la grossesse, les douleurs de l'accouchement et les nombreux sacrifices nécessaires à la protection et au bien-être de ses enfants.

Le masochisme que l'on a coutume d'attribuer à la féminité ne relève pas, à mon sens, de la sexualité personnelle : c'est un masochisme spécifique, qui conditionne la survie de l'humanité.

Le couple sadomasochiste peut être diversement composé : mari et femme, supérieur hiérarchique et subordonné, associés dont l'un est dominant, parents et enfants et même peuples dont l'un écrase ou torture l'autre.

Il s'agit alors non plus de masochisme mais de **position masochiste, c'est-à-dire de ces cas où la victime n'est pas masochiste mais où elle se trouve dans une position qui déclenche le même mécanisme de réactivation de la pulsion sadique chez l'autre partie du couple ou du groupe.**

Il faut donc récuser la thèse du livre de Milgram, *"Soumission à l'autorité"*, car si cette soumission existe bien et si elle est très agissante, elle n'est pas la seule responsable du fait que tant de nos semblables aient été incapables de résister aux ordres inhumains que leur donnaient leurs supérieurs hiérarchiques : les nazis, par exemple, avaient commencé par mettre leurs futures victimes en *position masochiste*. Cette position déclenchant le même mécanisme de réactivation du sadisme que le masochisme proprement dit, il leur avait ensuite été assez facile de réveiller le sadisme de leurs autres concitoyens ; le Surmoi de ceux-ci n'ayant malheureusement pas trouvé un modèle de justice et de compassion auquel s'identifier, le sadisme devint leur pulsion la plus agissante.

La nature du masochisme, par ailleurs, est plus complexe qu'on ne le pense généralement : celui-ci est en effet constitué du "désir de souffrir" et donc de la sexualisation de la souffrance ; mais il est aussi composé d'une intense culpabilité qui conduit tout naturellement à une identification à l'agresseur, ce qui met en jeu un Surmoi punisseur.

À côté de ces raisons on découvre aussi, en analysant le masochisme, un fort désir d'omnipotence : le masochiste, en effet, s'enorgueillit secrètement de pouvoir tout supporter de la part de - ou des - êtres aimés, alors que tout autour de lui il ne voit qu'égoïsme et volonté de puissance ; lui seul, pense-t-il, est capable de tant de sacrifices.

À cela vient s'ajouter un plaisir narcissique/exhibitionniste : se montrer le meilleur, le plus dévoué, le plus patient des êtres, se voir parfois qualifier par l'entourage de "véritable saint" est une jouissance certaine.

Enfin, de même que le masochisme de l'un réveille le sadisme de l'autre, il peut aussi en certaines circonstances, réactiver son Surmoi. L'ancien dominant verra alors les deux composantes de sa pulsion sadomasochiste inverser leur puissance et, placé dès lors en position masochiste, son désir - issu de la prise de conscience de sa culpabilité - sera désormais de réparer ses actes sadiques précédents : c'est ce que nous apprennent les groupes non-violents qui, faisant de leur faiblesse une force, retournent à leur avantage le sadomasochisme de ceux qui les dominaient.

D'autres peuples, au contraire, s'identifient tellement à l'agresseur que, dans un masochisme dépressif, ils renoncent à se défendre devant l'agression d'un envahisseur dominant et acceptent volontairement leur propre soumission ; ce fut notamment le cas de la plupart des Amérindiens du Sud.

BIBLIOGRAPHIE

Balzac Honoré de, *"Le père Goriot"*, 1834.
Bettelheim Bruno, *"La forteresse vide"*, Gallimard 1971
Bion W. R., *"Aux sources de l'expérience"*, P.U.F. 1979.
Chaliand Gérard, *"Miroir d'un désastre"*, Plon 1990.
Chasseguet-Smirgel, *"Éthique et esthétique de la perversion"*, Champ Vallon 1984.
Diderot, *"Jacques le fataliste et son maître"*, 1796.
Dostoïevski Fédor, *"Crime et Châtiment"*, 1865.
Epstein Marc, *"Baba Amte, la sentinelle du fleuve sacré"*, L'Express 1991.
Freud Sigmund, *"Trois essais sur la théorie de la sexualité"*, Gallimard 1905.
 - *"Pulsions et destin des pulsions"*, Gallimard 1915.
 - "Un enfant est battu", 1915, in *"Névrose, psychose et perversion"*, P.U.F.
 - "L'inquiétante étrangeté", 1919, in *"Essais de psychanalyse appliquée"*, P.U.F. 1919.
 - *"Au-delà du principe de plaisir"*, P.B.P. 1920.
 - *"Le moi et le ça"*, Gallimard 1923.

- "Le problème économique du masochisme", in *"Névrose, psychose et perversion"*, P.U.F. 1924.
- *"Dostoïevski et le parricide"*
- "Le fétichisme" 1927, in *"La vie sexuelle"* P.U.F.
- "L'appareil psychique et le monde extérieur", in *"Abrégé de psychanalyse"*, P.U.F. 1938.

Gandhi le Mahatma, *"Résistance non-violente"*, Buchet-Chastel 1986.
- *"Lettres à l'Ashram"*, Albin-Michel 1989.
- *"Tous les hommes sont frères"*, Gallimard 1990.

Giraudoux Jean, "Souvenirs de deux existences" Grasset, 1975.

Guignard Florence, *"Épître à l'objet"*, P.U.F. 1997.

Karsten R., *"La civilisation de l'empire Inca"*, Payot 1962.

Klein Mélanie, *"Colloque sur l'analyse des enfants"*, Payot 1927.
- *"Les phases précoces du conflit œdipien"*, Payot 1928.
- *"Les situations d'angoisse de l'enfant et leur reflet dans une œuvre d'art et dans l'élan créateur"*, Payot 1929.
- *"Contribution à l'étude des états maniaco-dépressifs"*, Payot 1934.
- *"Le conflit œdipien éclairé par les angoisses précoces"*, Payot 1945.

Lagache Daniel, *"Œuvres IV"*, P.U.F. 1982.

Mellon Christian et Semelin Jacques, *"La non-violence"*, "Que sais-je ?" 1994.

Muller Jean-Marie, *"Gandhi, la sagesse de la non-violence"* Desclée de Brouwer 1994.

Milgram Stanley, *"Soumission à l'autorité"*, Calmann-Lévy 1979

Nacht Sacha, *"Le masochisme"*, 1938.

Rosenberg Benno, "Masochisme mortifère et masochisme gardien de vie", in *Monographie R.F.P.* 1991.

Renard Jules, *"Poil de Carotte"*, 1884.
"Journal", Bernouard, 1935.

Rubin Gabrielle, "Le bêlement du tigre" In *"Psychanalyse dans la Civilisation"* 1992.
- "Croyance et réalisation hallucinatoire du désir" in *"Revue française de psychanalyse LXI"*, 3/1997.
- *"Cannibalisme psychique et obésité"*, Delachaux et Niestlé 1996.
- *"Travail du deuil, travail de vie"*, L'Harmattan 1998.

Sofri Gianni, *"Gandhi et l'Inde"*, Casterman 1996.

Todorov Tzvetan, *"Face à l'extrême"*, Seuil 1991.
Vaillant Françoise, *"La non-violence"*, Cerf 1990.
Valla J.-C., *"La civilisation des Incas"*, Famot, 1976.

TABLE DES MATIÈRES

INTRODUCTION 7

PREMIÈRE PARTIE - ASPECTS DU MASOCHISME 19

CHAPITRE I - Soumission à l'autorité et sadisme 23

CHAPITRE II - Nature du sadomasochisme 31
    SENTIMENT DE CULPABILITÉ ET SURMOI 36
    LE SURMOI 38
    ORIGINE DU SENTIMENT DE CULPABILITÉ 39
    JEANNETTE. 42

CHAPITRE III - La souffrance 47
    LE MASOCHISME : NÉVROSE DE DESTINÉE OU COMPULSION
    DE RÉPÉTITION ? 53
    LA COMPULSION DE RÉPÉTITION 54
    LA NÉVROSE DE DESTINÉE 56

CHAPITRE IV - La position masochiste et la déportation 63
    LA POSITION MASOCHISTE 64
    PIERRE 66
    LE SADOMASOCHISME COLLECTIF 76
    MARTINE 82

CHAPITRE IV - Le sadomasochisme transgénérationnel 93
    GENEVIÈVE 97
    MASOCHISME ET APPAREIL PSYCHIQUE 107

DEUXIÈME PARTIE - TROIS MASOCHISTES DE LA LITTÉRATURE 113

CHAPITRE I - Jules Renard : Poil de Carotte 115

CHAPITRE II - Honoré de Balzac : Le Père Goriot 131

CHAPITRE III - Fiodor Dostoïevski : Crime et châtiment 145
    LE CÔTÉ MASOCHISTE 148
    LE CÔTÉ BORDERLINE 154
    LE JEU DU CHAT ET DE LA SOURIS 157

TROISIÈME PARTIE - LE SADOMASOCHISME DES SOCIÉTÉS 165

CHAPITRE I - La non-violence : Gandhi et Baba Amte 167
    LA NON-VIOLENCE 170
    LES GRÈVES DE LA FAIM 180

CHAPITRE II Les guerres perdues d'avance 183

CONCLUSION 193

BIBLIOGRAPHIE 197

TABLE DES MATIÈRES 201

596301 - Février 2015
Achevé d'imprimer par